Sourabh Singh
Chetna Singh
Khushboo Verma

Transmissão de texto utilizando encriptação e modelo de cor RGB

Sourabh Singh
Chetna Singh
Khushboo Verma

Transmissão de texto utilizando encriptação e modelo de cor RGB

ScienciaScripts

Cover image: www.ingimage.com

This book is a translation from the original published under ISBN 978-620-6-78935-2.

Publisher:
Sciencia Scripts
is a trademark of
Dodo Books Indian Ocean Ltd. and OmniScriptum S.R.L publishing group

120 High Road, East Finchley, London, N2 9ED, United Kingdom
Str. Armeneasca 28/1, office 1, Chisinau MD-2012, Republic of Moldova, Europe
Printed at: see last page
ISBN: 978-620-7-27518-2

"Prefácio"

É com grande satisfação que apresentamos o livro **"Transmissão de texto usando encriptação e modelo de cor RGB"**. Dividimos o tema em pequenos capítulos para que os tópicos possam ser organizados e compreendidos corretamente. Os tópicos dentro do capítulo foram organizados numa sequência adequada para garantir um fluxo suave do assunto.

Foram incluídos vários exemplos. Assim, temos a certeza de que este livro irá satisfazer todas as suas necessidades nesta matéria.

Estamos gratos à Dra. Kalpana Rai, HOD Department of AIML, Sagar Institute of Research & Technology Bhopal e ao Dr. Aumreesh Kumar Saxena, HOD Department of CSIT Sagar Institute of Research & Technology Bhopal pelo encorajamento e apoio que nos deram. Estamos também gratos aos membros do pessoal da Lambert Academic Publishing pelos seus esforços para tornar este livro tão bom como está. Em conjunto, fizemos todos os esforços possíveis para eliminar todos os erros neste livro. No entanto, se encontrar algum, por favor informe-nos, pois isso ajudar-nos-á a melhorar ainda mais.

Estamos também gratos aos membros da nossa família Shivendra Singh, Usha Singh, Vimla Mehto e Shivansh Singh pela sua paciência e encorajamento.

Autores
Sourabh Singh
Chetna Singh
Khushboo Verma

ÍNDICE DE CONTEÚDOS

CAPÍTULO 1
INTRODUÇÃO

1.1 VISÃO GERAL:

No cenário atual, verificamos que a utilização de um algoritmo de cifragem de dados de uma só fase não é muito segura. Para ultrapassar esta situação, é proposto nesta tese um algoritmo de encriptação combinado. Ou seja, a segurança do algoritmo é grandemente reforçada, através da investigação de vários algoritmos de cifragem de dados bem conhecidos, da melhoria de alguns algoritmos de cifragem de dados e da organização dos algoritmos de cifragem numa espécie de ordem. É proposto um conceito melhorado através da análise do princípio da técnica de criptografia baseada na combinação da chave simétrica e da tradução do texto simples numa imagem. Além disso, as medidas de segurança, a proteção e o desempenho do conceito proposto serão também avaliados. Os resultados experimentais dependem da combinação da chave simétrica e da conversão do texto simples numa imagem e, por fim, da atribuição da chave, o que confirmará a eficácia do conceito proposto. O texto cifrado resultante, gerado por este método, será ilegível e não deixará dúvidas quanto ao facto de a informação transferida ser texto ou imagem, pelo que será adequado para uma utilização realista na transmissão segura de informações confidenciais através da Internet.

Todos os algoritmos existentes têm de cumprir alguns requisitos básicos. O requisito mais importante é que um algoritmo existente tem de ser impercetível. A partir do estudo do algoritmo existente, analisei um conjunto de critérios para definir melhor a impercetibilidade de um algoritmo.

1. Eficiência: a eficiência do algoritmo significa o grau de eficiência em termos de tempo e de memória. O tempo e a memória desempenham um papel importante na eficiência.

2. Segurança: A segurança é a principal preocupação no domínio da cifragem. Sabe-se que as informações transmitidas através da rede pública devem ser altamente seguras, caso contrário, qualquer intruso pode aceder facilmente às informações. A chave de encriptação desempenha um papel importante no domínio da encriptação e a segurança do algoritmo depende do comprimento da chave. Um comprimento de chave mais elevado é sinónimo de maior segurança.

3. Taxa de transferência: podemos definir a taxa de transferência como "o tamanho total do texto simples dividido pelo tempo total de execução durante a encriptação/desencriptação". A velocidade de execução pode ser medida pela taxa de transferência.

4. Taxa de erro: "Erro encontrado por execução" significa, numa única execução, a quantidade de erros detectados. Um erro mínimo indica um algoritmo eficiente.

5. Largura de banda: Em redes informáticas e ciências informáticas, são comuns as palavras largura de banda, largura de banda de rede, largura de banda de dados ou largura de banda digital. Neste caso, estou a centrar-me na largura de banda de dados. A largura de banda de dados é a quantidade de dados que pode ser transmitida num determinado período de tempo. Para dispositivos digitais, a largura de banda é normalmente expressa em bits por segundo (bps) ou bytes por segundo.

6. Sigilo - O sigilo do algoritmo existente é o primeiro e principal requisito, uma vez que a força do algoritmo existente reside na sua capacidade de passar despercebido ao olho humano. No momento em que alguém pode ver que a informação foi adulterada, o algoritmo está comprometido [31].

1.2 OBJECTIVO:

O objetivo desta tese é desenvolver uma ferramenta que sirva de mediador entre o cliente e as operações para atingir os objectivos de segurança das bases de dados. O resultado será uma ferramenta independente de plataforma com uma interface gráfica de utilizador compreensível, utilizando técnicas e algoritmos previamente apresentados para operações criptográficas. A encriptação pode ser utilizada para garantir uma forte segurança dos conjuntos de dados, mas esta técnica é adequada para pequenos conjuntos de bases de dados. O desempenho e as questões de segurança foram tidos em conta durante o trabalho proposto, uma vez que se sabe que, em cenários reais, se trata de questões multifacetadas e que é necessário recorrer a peritos que compreendam todas as alternativas existentes, para além do impacto em nome de cada um dos ambientes detalhados dos consumidores. O objetivo do trabalho proposto é:

1. As informações encriptadas devem estar em caracteres ilegíveis

2. O conceito proposto está a resolver o dilema da troca de chaves.

3. O algoritmo proposto transfere um único ficheiro juntamente com os dados e a chave.

4. Conceito proposto que fornece segurança sempre que se transmite informação de um nó para outro nó porque é importante defender a informação enquanto está em trânsito.

5. O algoritmo proposto é a conceção de um novo algoritmo de criptografia concebido para a encriptação e a desencriptação dos dados do utilizador.

6. A conceção proposta baseia-se numa cifra de bloco simétrica.

7. Estima-se que o desempenho e a força do algoritmo proposto sejam melhores do que os do algoritmo criptográfico convencional e muito eficazes contra ataques de força bruta.

1.3 BASE DA TÉCNICA DE ENCRIPTAÇÃO:

A encriptação é o processo de conversão de mensagens ou dados numa forma que não pode ser lida sem ser descodificada ou decifrada. A raiz da palavra cripta vem da palavra grega kryptos, que significa "escondido" ou "secreto". O estudo e a prática da encriptação e da decriptação são designados por ciência da criptografia. Os cientistas que estudam as diferentes formas de proteger e garantir a confidencialidade, a integridade e a autenticidade da informação são designados por criptólogos. Os criptologistas também se dedicam à criptanálise para encontrar formas de quebrar os métodos de encriptação. Durante séculos, antes da era da comunicação eletrónica e dos computadores, os indivíduos, os militares e outros grupos codificavam a informação escrita. Com o desenvolvimento das formas electrónicas de comunicação e de armazenamento e processamento de informações, as oportunidades de intercetar, modificar, utilizar, divulgar e ler informações confidenciais aumentaram e a necessidade de técnicas de cifragem poderosas aumentou. As agências governamentais, os bancos e muitas empresas enviam atualmente, por rotina, uma grande quantidade de informações confidenciais de um computador para outro. Esses dados são normalmente transmitidos através de linhas telefónicas ou outros canais não privados, como a Internet. O desenvolvimento contínuo de sistemas e redes de computadores seguros garantirá que as informações confidenciais possam ser transferidas com segurança através de redes de computadores.

No início da década de 1970, Horst Feistel, um cientista da International Business Machines Corporation (IBM Corporation), desenvolveu o LUCIFER, um criptossistema computorizado que utilizava tanto a substituição como a transposição [19]. Em 1977, o National Bureau of

Standards dos Estados Unidos (atualmente o National Institute of Standards and Technology [NIST]) desenvolveu uma técnica criptográfica denominada Data Encryption Standard (DES). O DES baseava-se no LUCIFER e utilizava o código binário do computador (convertendo o texto simples em bits, ou dígitos binários de 1s e 0s). O DES transformava segmentos de informação de 64 bits em segmentos de texto cifrado de 64 bits, utilizando uma chave de 56 bits. Cada utilizador seleccionava aleatoriamente uma chave e revelava-a apenas às pessoas autorizadas a ver os dados protegidos. O DES foi quebrado em 1998. Em 1978, três cientistas informáticos americanos, Ronald L. Rivest, Adi Shamir e Leonard Adleman, que mais tarde fundaram a empresa RSA Data Security, criaram o sistema Rivest-Shamir-Adleman (RSA). O sistema RSA utiliza dois números primos grandes, p e q, multiplicados para formar um número composto, n. A fórmula n = pq, capitaliza o problema muito difícil da factorização de números primos.

1.4 TEORIA DOS NÚMEROS

À medida que mais e mais informações são transferidas através de redes de computadores, os cientistas informáticos continuam a desenvolver algoritmos mais seguros e complexos. Em 1997, o NIST começou a coordenar o desenvolvimento de um substituto para o DES, denominado Advanced Encryption Standard (AES). O AES utilizará um algoritmo mais complexo, baseado numa norma de encriptação de 128 bits em vez da norma de 64 bits do DES. Este algoritmo de 128 bits tornará o AES impossível de descodificar com a tecnologia atual. Outro sistema de encriptação baseado em segmentos de 128 bits chama-se International Data Encryption Algorithm, ou IDEA. O Instituto Federal Suíço de Tecnologia desenvolveu a norma IDEA na década de 1990. Na verdade, tudo isto se deve ao papel dos números: o DES utiliza uma chave de 64 bits, enquanto o AES utiliza uma chave de encriptação de 128 e 256 bits. Quanto mais aleatórios forem os números, mais forte será a segurança da chave. Também utilizámos um gerador de números aleatórios [33] na parte de implementação da nossa tese. Os cientistas informáticos também propuseram alternativas como os sistemas de encriptação de chave pública (PKC), que utilizam dois tipos de chaves, uma chave pública e uma chave privada. A chave pública encripta os dados e uma chave privada correspondente desencripta-os. O utilizador fornece a chave pública a outros utilizadores, que podem utilizar a chave pública para encriptar mensagens a enviar ao utilizador. O utilizador mantém a chave privada em segredo e utiliza-a para desencriptar as mensagens recebidas. Um exemplo de um PKC é o sistema RSA, descrito acima.

1.5 COMO FUNCIONA A ENCRIPTAÇÃO

A encriptação utiliza um procedimento sistemático ou passo a passo, designado por algoritmo, para converter dados ou o texto de uma mensagem original, conhecido por texto simples, em texto cifrado, a sua forma encriptada [24]. Os algoritmos criptográficos requerem normalmente uma cadeia de caracteres designada por chave para encriptar ou desencriptar dados. Quem possuir a chave e o algoritmo pode encriptar o texto simples em texto cifrado e depois decifrar o texto cifrado de novo em texto simples [31]. Os criptologistas envolvem-se numa competição interminável para criar técnicas criptográficas mais fortes e para as quebrar. Muitas técnicas de criptografia recentes são quase inquebráveis, mesmo com os computadores mais potentes. Estes sistemas produzem texto cifrado que parece ser constituído por caracteres aleatórios. Estes sistemas resistem à maioria dos métodos existentes para decifrar o texto simples. Os muitos tipos diferentes de novos criptossistemas usam linguagem matemática altamente complexa e resistem à quebra, mesmo que os criptologistas conheçam as técnicas usadas na sua criação.

1.6 METODOLOGIA DE ENCRIPTAÇÃO E DESENCRIPTAÇÃO

A encriptação é a forma mais eficaz de garantir a segurança dos dados. O processo de encriptação oculta o conteúdo de uma mensagem de forma a que a informação original só possa ser recuperada através de um processo de desencriptação. O objetivo da Encriptação é impedir que partes não autorizadas visualizem ou modifiquem os dados. A encriptação ocorre quando os dados passam por alguma técnica de substituição, técnica de deslocação, referências de tabela ou operações matemáticas. Todos estes processos geram uma forma diferente desses dados. Os dados não encriptados são designados por texto simples e os dados encriptados por texto cifrado, que é a representação dos dados originais numa forma diferente. Os algoritmos baseados em chaves utilizam uma chave de cifragem para cifrar a mensagem[10]. Existem duas categorias gerais para a cifragem baseada em chaves: A encriptação simétrica, que utiliza uma única chave para encriptar e desencriptar a mensagem, e a encriptação assimétrica, que utiliza duas chaves diferentes - uma chave pública para encriptar a mensagem e uma chave privada para a desencriptar. Atualmente, existem vários tipos de algoritmos de encriptação baseados em chaves, tais como DES, RSA, PGP, Curva Elíptica, entre outros, mas todos esses algoritmos dependem de altas manipulações matemáticas. As técnicas de cifragem podem ser divididas em duas classes: técnicas de cifragem tradicionais e técnicas de cifragem modernas. As técnicas de encriptação tradicionais são técnicas baseadas em papel e caneta, desenvolvidas numa época em que não existiam computadores, embora algumas destas ideias possam ser, e tenham sido, transformadas em algoritmos baseados em computador. Com o início da Era do Computador, que pode ser marcada com o aparecimento do primeiro computador, as técnicas de encriptação sofreram uma grande mudança. As técnicas de cifragem foram concebidas especificamente para utilização em computadores e utilizavam "bits" em vez do alfabeto. Estas técnicas de cifragem são designadas por técnicas de cifragem modernas. A principal caraterística da implementação do programa de cifragem/decifragem é a geração da chave de cifragem. Atualmente, a criptografia tem muitas aplicações comerciais. Se estivermos a proteger informações confidenciais, a criptografia proporciona um elevado nível de privacidade a indivíduos e grupos. No entanto, o principal objetivo da criptografia não é apenas garantir a confidencialidade, mas também encontrar soluções para outros problemas, como a integridade dos dados, a autenticação e o não repúdio. A criptografia é um método que permite o envio de informações de forma segura, de modo a que o único destinatário possa recuperar essas informações. Atualmente, estão em curso investigações contínuas sobre novos algoritmos criptográficos. No entanto, é muito difícil descobrir o algoritmo específico, porque já sabemos que devem ser tidos em conta muitos factores como: a segurança, as características do algoritmo, a complexidade temporal e a complexidade espacial.

1.7 ORGANIZAÇÃO DA DISSERTAÇÃO:

O objetivo desta tese é conceber uma abordagem que proteja a transferência de texto no canal vulnerável e que também confunda o intruso quanto ao facto de os dados reais estarem em formato de texto ou em formato de imagem. Esta tese também foi concebida de forma a que a chave e os dados tenham de ser transmitidos numa única vez, pelo que o canal de comunicação deve ser utilizado apenas uma vez. Organizei esta tese em seis capítulos

O capítulo 1 é dedicado à introdução do trabalho proposto, descrevendo os objectivos e a visão geral que se segue à parte dos fundamentos relacionados com a segurança da rede.

O Capítulo 2 apresenta o contexto criptográfico, a descrição do sistema criptográfico, a criptografia de imagens, o algoritmo AES e o modelo de cor RGB.

O Capítulo 3 apresenta os estudos bibliográficos que efectuámos antes de desenvolver o conceito exato desta tese.

O Capítulo 4 descreve o trabalho proposto. No trabalho proposto, descrevemos o domínio do problema e da solução e explicámos a arquitetura proposta.

O Capítulo 5 apresenta o ambiente de simulação e os resultados obtidos. Neste capítulo, a comparação entre a tecnologia existente e o criptossistema proposto é apresentada sob a forma de tabelas e gráficos.

O Capítulo 6 é a conclusão e as melhorias futuras. Neste capítulo, discute-se a direção futura da investigação atual.

Os nossos contributos podem ser resumidos da seguinte forma:

1 Foram efectuados estudos sobre os algoritmos existentes.

2 Foram descobertos problemas na criptografia atual.

3 Foi proposto um novo algoritmo de criptografia.

4 Finalmente, os resultados entre o algoritmo existente e o algoritmo proposto foram calculados e apresentados.

5 Software implementado num computador portátil pessoal e executado mais de 100 vezes.

CAPÍTULO 2
ANTECEDENTES DA CRIPTOGRAFIA

2.1INTRODUÇÃO :

Com o rápido desenvolvimento dos conhecimentos informáticos e a utilização extensiva da Internet, a vida das pessoas está a sofrer mudanças incríveis. A liberalização, a internacionalização e as características de personalização da World Wide Web têm proporcionado uma reforma revolucionária e aberta a empresas, agências governamentais e instituições, ajudando-nos também a aumentar a eficácia do trabalho e a capacidade de resposta do mercado para melhorar a sua competitividade através da utilização da Internet. Atualmente, é um desafio para nós tornar o sistema de informação confidencial e a informação não deve ser divulgada, mesmo que a informação seja roubada é difícil de ser identificada, se for de alguma forma identificada deve ser extremamente difícil de ser modificada. Por exemplo, as informações confidenciais não podem ser visualizadas por pessoal não autorizado, o conteúdo secreto, os dados sensíveis, os segredos comerciais, as palavras-passe dos utilizadores têm de impedir o acesso não autorizado, a modificação, a cópia, etc. Este tipo de requisitos tornou-se um tema de investigação muito forte nas indústrias de TI. A tecnologia de encriptação é a técnica de segurança básica e muito forte utilizada no cenário atual de utilização da Internet. A tecnologia de segurança da informação não só satisfaz os requisitos de segurança da confidencialidade da informação, como também evita a saída da intimidação da segurança da informação importante [10]. Por conseguinte, a tecnologia de cifragem da segurança da informação é a base da tecnologia de autenticação, bem como de muitas outras tecnologias de segurança. É também o coração da segurança dos dados. Atualmente, em diferentes áreas da engenharia de software, os algoritmos de cifragem mais populares são o algoritmo de cifragem DES, o algoritmo de cifragem RSA, o algoritmo AES e o algoritmo de cifragem Vigenere. Em relação às características dos diferentes algoritmos de cifragem, começamos por definir algoritmos de cifragem iniciais simples neste trabalho de investigação.

A criptografia tem uma longa e excitante história. Os antigos árabes foram os primeiros a descobrir e a escrever os métodos de criptografia e de criptanálise. No século XX, a criptografia desempenhou um papel essencial no desfecho das guerras mundiais. A criptografia é o procedimento que consiste em combinar alguns dados de entrada reconhecidos, designados por texto simples, denotados por (M), com uma palavra-passe especificada pelo utilizador para gerar um resultado cifrado, designado por texto cifrado, denotado por (C), de tal forma que, dado o texto cifrado, ninguém pode recuperar o texto simples original sem a palavra-passe de cifragem num período de tempo razoável. Os algoritmos que combinam as chaves e o texto simples para gerar o texto cifrado são designados por cifras. Várias cifras reconhecem uma palavra-passe de comprimento fixo (designada por chave). O espaço de chaves é o número inteiro de chaves prováveis, denotado por (K). As operações de cifragem e decifragem utilizam mutuamente esta chave.

A encriptação é o processo de transformação do texto simples em texto cifrado. A desencriptação é o processo de transformação contrário, no qual o texto cifrado é convertido no texto simples original [10]. Cada elemento da cadeia de chaves, $k \in K$, determina exclusivamente uma bissecção de M para C (ou seja, $E_k : M \rightarrow C$), denotada por E_k , que é designada por transformação de encriptação e, por outro lado, para cada elemento da chave, $k \in K$ determina exclusivamente uma bijeção de C para M (ou seja, $D_k : C \rightarrow M$) D_k é designada por transformação de desencriptação [11].

A criptanálise é a arte de quebrar cifras, ou seja, de recuperar o texto sem conhecer a chave adequada do processo de encriptação. No domínio da criptologia, as pessoas diferenciam-se em dois tipos: As pessoas que fazem criptografia são criptógrafos, e os praticantes de criptanálise são criptanalistas [19].

A criptologia é o ramo da matemática que estuda os fundamentos matemáticos dos métodos criptográficos [19]; é uma coleção de ambas as metodologias, uma é a criptografia e a outra é a criptanálise.

Ameaças à segurança dos dados: Os ataques à segurança de um sistema informático ou de uma rede caracterizam-se principalmente pelo rastreio da utilidade do sistema informático. O sistema também fornece informações de uma forma geral, ou seja, há um fluxo de informações de uma fonte, como um ficheiro ou uma região da memória principal, para um destino, como outro ficheiro ou um utilizador. As quatro categorias gerais de ataque são [11]:

1. **Interrupção:** A interrupção é um processo que faz com que o sistema seja destruído ou se torne indisponível ou inutilizável. Os exemplos incluem a destruição de uma pequena secção de hardware, como uma parte do disco rígido, o corte de um canal de comunicação ou a desativação do sistema de gestão de ficheiros.

2. **Interceção**: Sempre que uma parte não autorizada obtém acesso ao sistema, chama-se interceção. Pode ser referido como um ataque ao sigilo. A parte não autorizada pode ser um utilizador, um programa ou um computador. Os exemplos incluem escutas telefónicas para capturar dados numa rede e a cópia ilegal de ficheiros ou programas.

3. **Modificação:** Uma parte não autorizada não só obtém acesso ao alvo intencional, como também manipula os dados. Trata-se de um ataque à integridade. Os exemplos incluem a alteração de valores num ficheiro de dados, a alteração de um programa para que tenha um desempenho diferente e a modificação do conteúdo de uma mensagem transmitida numa rede.

4. **Fabrico:** Uma parte não autorizada insere objectos falsificados no sistema. Trata-se de um ataque à autenticidade. Os exemplos incluem a inserção de mensagens espúrias numa rede ou a adição de registos a um ficheiro.

A criptografia assegurava o sigilo das informações enviadas através de redes de comunicação ou de computadores onde era possível a escuta e a interceção de mensagens. Alguns livros classificam os tipos de ataques de duas formas. Um é o ataque passivo, que se refere à interceção de mensagens sem deteção (ataque de interceção), e o outro é o ataque ativo, que se refere a modificações deliberadas feitas no fluxo de mensagens (ataque de interrupção, modificação e fabricação).

2.2. SISTEMA CRIPTOGRÁFICO:

No domínio das redes, a segurança desempenha um papel importante no sistema criptográfico. Existem três requisitos gerais para qualquer sistema de cifra [22]:

1. A transformação de encriptação e desencriptação terá de ser eficiente para todas as chaves.
2. O sistema deve ser simples de utilizar.
3. A segurança do sistema deve depender apenas do carácter secreto das chaves e não do carácter secreto do algoritmo de encriptação e de decifração. A maioria dos criptanalistas acredita que o algoritmo de cifra é conhecido e que a sua tarefa mais importante é determinar a chave secreta.

O sistema criptográfico é um domínio vasto que contém os seguintes termos.

2.2.1 Componentes criptográficos:

Os componentes criptográficos têm, essencialmente, cinco componentes [21]:

1. O conjunto de todos os textos simples prováveis é designado por "espaços de mensagens", denotado por (M), em que M = m_1 , m_2 , m_3 ,...m_i . O texto simples é a forma de texto que constitui a informação útil que o remetente pretende enviar para uma rede vulnerável.
2. O conjunto de todos os textos cifrados prováveis é designado por "espaço criptográfico", denotado por (C), em que C = c1, c2, c3, ...ci. O texto cifrado é o texto que será gerado após a aplicação de qualquer chave de cifragem ou de qualquer outra forma de transformação criptográfica.
3. O conjunto de todas as chaves prováveis, designado por "espaço de chaves", denotado por (K), em que K = k1, k2, k3, ... ki. A chave é a quantidade útil que é obrigatoriamente necessária para a descodificação do texto cifrado
4. Um grupo de transformações de cifragem ou um algoritmo de cifragem, que é denotado por (E_k). C = E_k (M), em que $k \in K$.
5. Um grupo de transformações de decifração ou, um algoritmo de decifração, que é denotado por (D_k). M = D_k (C), em que $k \in K$.

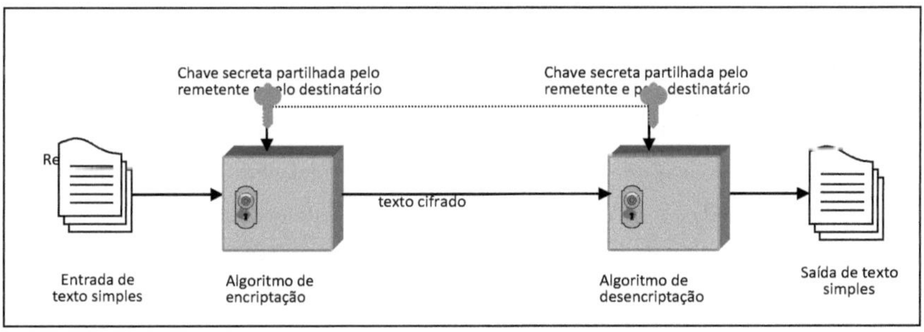

Figura 2.1: Modelo simplificado da técnica de encriptação.

A figura 2.1 mostra o modelo simplificado da técnica de encriptação. O texto simples viaja no canal de comunicação, que é muito inseguro, pelo que é utilizada uma chave que encripta o texto e o transforma num texto cifrado, que é ilegível por natureza, mas para recuperar o texto simples é utilizada uma chave que transfere novamente o texto cifrado para um texto simples através do processo de desencriptação.

2.2.2 Objectivos criptográficos:

Uma classificação valiosa ou serviços de segurança é a principal preocupação de qualquer sistema criptográfico. Seguem-se os principais objectivos criptográficos:

1. **Controlo de acesso:** É a capacidade de limitar e controlar o acesso aos sistemas e aplicações.

2. **Sigilo:** O criptanalista não deve ser capaz de descobrir os dados do texto simples a partir do texto cifrado intercetado [23], o que se designa por Confidencialidade ou privacidade. Existem muitas abordagens para garantir o sigilo, desde a proteção física até aos algoritmos matemáticos, que tornam os dados ininteligíveis.

3. **Autenticação:** Trata-se de um método para garantir ao destinatário que a mensagem provém da fonte que afirma ser [21]. Esta função aplica-se tanto às entidades laterais como à própria informação. Duas partes que entram numa comunicação devem identificar-se mutuamente. As informações transmitidas através de um canal devem ser autenticadas no que respeita à origem, aos dados de origem, ao conteúdo dos dados, à hora de envio, etc.

4. **Integridade dos dados:** É um serviço que aborda a modificação não autorizada de dados para prometer a integridade dos dados. Deve-se ter a capacidade de identificar a manipulação de dados através de partes não autorizadas. A manipulação de dados inclui elementos como a inserção, a eliminação e a substituição[31].

5. **Não repúdio:** é um serviço que impede uma entidade de negar compromissos ou acções anteriores. Quando ocorrem litígios devido ao facto de uma entidade negar que foram realizadas acções garantidas, é necessário um meio para resolver as circunstâncias [19]. Por exemplo, quando nem o emissor nem o recetor de uma mensagem podem negar a transmissão.

6. **Disponibilidade:** exige que as posses do sistema informático sejam apresentadas às partes autorizadas quando procuradas [21].

2.2.3 Cifras criptográficas:

As cifras criptográficas são componentes essenciais para o processo de cifragem e decifragem. Os principais termos relacionados com estas cifras são os seguintes

1. **Chaves secretas:** A medida de segurança dos sistemas de cifra baseia-se em vários factores. Em primeiro lugar, o algoritmo de cifragem deve ser tão poderoso quanto necessário, de modo a que seja impossível decifrar uma mensagem apenas com base no texto cifrado. Em segundo lugar, a segurança depende do carácter secreto da chave, e não do carácter secreto do algoritmo. Por outras palavras, não é necessário manter o algoritmo em si secreto, mas é necessário manter apenas a chave secreta, pelo que, se o algoritmo de cifragem for computacionalmente inviável de decifrar, todo o sistema pode ser vulnerável se as chaves secretas não forem eficazmente protegidas [24]. Por conseguinte, as chaves secretas são o conjunto de informações que facilitam a utilização para controlar o algoritmo de cifragem e de decifragem. Deve ser mantida em segredo, fora do alcance de qualquer parte, mas deve ser conhecida apenas pelo cifrador e pelo decifrador. A complexidade de qualquer sistema de cifra é essencialmente considerada pela complexidade de extrair a chave secreta utilizada da mensagem cifrada interceptada, pelo que o segredo do sistema de cifra deve existir inteiramente no segredo das chaves, partindo do princípio de que o criptanalista dispõe de todos os pormenores do algoritmo criptográfico e da sua implementação. As chaves secretas são geradas independentemente de qualquer fluxo de mensagens. As chaves de alta qualidade devem ser uma cadeia de bits aleatórios gerada por um processo de rotina. A alteração de um único bit na chave deve produzir um elevado efeito de avalanche [16] no texto cifrado.

2. **Sistemas de Cifra Clássicos:** Nesta categoria, será analisada uma amostra do que se pode designar por paradigma de cifragem clássica. O conhecimento destas técnicas permite ilustrar as abordagens fundamentais da cifragem moderna utilizada atualmente, bem como os tipos de ataques criptoanalíticos que têm de ser antecipados. Basicamente, serão analisados os dois blocos de construção de todas as técnicas de encriptação conhecidas: a substituição e a transposição.

3. **Sistema de cifra de substituição:** Uma abordagem de substituição é aquela em que as letras do texto simples são substituídas por quaisquer outras letras ou por quaisquer números ou símbolos [10]. A forma mais abrangente de método de substituição baseia-se em alfabetos deslocados; geralmente, as letras do alfabeto são deslocadas para a direita em k posições, módulo do tamanho do alfabeto. Existem essencialmente quatro tipos de cifra de

substituição: a primeira é a cifra simples ou monoalfabética, a segunda é a homofónica, a terceira é a polialfabética e a última é a cifra de substituição poligráfica.

4. **Sistema de cifra de transposição:** uma abordagem de transposição é aquela em que os caracteres do texto simples permanecem os mesmos, mas a ordem das letras é baralhada [10]. A técnica da vedação de carris e a transposição colunar são bons exemplos de sistemas de cifra de transposição. Uma cifra de transposição pura é facilmente reconhecida porque tem as mesmas frequências de letras que o texto simples original. Nesta forma de transposição, a criptanálise é um método praticamente simples e envolve a disposição do texto cifrado numa matriz e o jogo aproximado através das posições das colunas. A cifra de transposição sabe como ser organizada de forma significativamente mais segura, efectuando mais do que uma fase de transposição. O resultado final é uma permutação mais complexa que não é simplesmente reconstruída.

5. **Sistema de cifra moderno:** Com o efeito da rápida melhoria dos computadores, tornou-se demasiado complicado confiar na técnica clássica elementar, uma vez que é fácil decifrar o texto cifrado, daí a introdução da técnica de encriptação. Esta nova abordagem depende dos algoritmos, que utilizam os bits em vez de caracteres, pelo que a encriptação de fluxo, de bloco e de chave pública surgem à superfície.

6. **Cifra de fluxo:** Uma cifra de fluxo é uma categoria de algoritmo de encriptação simétrica; funciona com uma cadeia de texto simples e texto cifrado, um bit ou byte de cada vez. Com uma cifra de fluxo, o bit ou byte de texto simples equivalente será cifrado num bit ou byte diferente sempre que for cifrado [25]. As cifras de fluxo podem ser consideradas extremamente rápidas, sendo muito mais rápidas do que qualquer outra cifra de bloco em hardware, e têm circuitos de hardware menos complicados. As cifras de fluxo funcionam com unidades mais pequenas de texto simples, geralmente bits. A encriptação de qualquer texto simples específico com uma cifra de bloco resultará no mesmo texto cifrado quando é utilizada a mesma chave. Com uma cifra de fluxo, a transformação destas unidades de texto simples mais pequenas será diferente e varia, com base no momento em que são encontradas ao longo do processo de encriptação. São também mais adequadas e, nalguns casos, obrigatórias, quando a capacidade de armazenamento em memória intermédia é limitada ou quando as cartas têm de ser processadas independentemente à medida que são recebidas, porque têm uma propagação de erros limitada ou nula. As cifras de fluxo podem também ser benéficas em situações em que é altamente provável a ocorrência de erros de transmissão

[11]. A implementação simples de uma cifra de fluxo é mostrada na Figura 2.2. Um originador de uma cadeia de chaves produz um fluxo de bits: k_1 , k_2 , k_3 , ..., k_i . Esta cadeia de chaves é colocada em XOR com um fluxo de bits de texto simples, m_1 , m_2 , m_3 , ..., m_i , para gerar o fluxo de bits de texto cifrado [25].

$$E(m_i) = c_i = m_i \oplus k_i$$

No final da decifração, os bits do texto cifrado são submetidos a XOR com um chaveiro idêntico para recuperar os bits do texto simples.

$$D(c_i) = m_i = c_i \oplus k_i$$

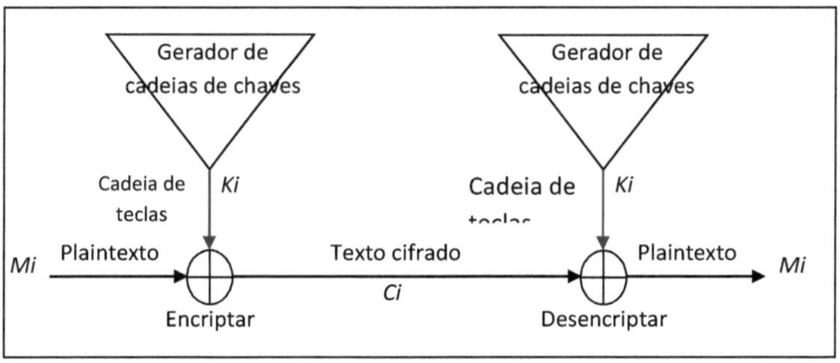

Figura 2.2 Cifra de fluxo.

Existem duas abordagens especiais para a cifragem de fluxos: uma é a cifra de fluxos síncronos e a outra é a cifra de fluxos auto-síncronos. A Tabela 2.1 resume as diferenças entre os dois tipos de cifra de fluxo.

	Cifra de fluxo síncrono	Cifra de fluxo assíncrono
Requisitos de sincronização	Tanto o emissor como o recetor devem estar sincronizados.	A auto-sincronização é possível se os dígitos do texto cifrado forem apagados ou inseridos.
Propagação	Não ocorre qualquer propagação de erros.	Obtenção de uma propagação de erro limitada.
Resistente	É menos resistente do que a cifra de fluxo auto-sincrónico.	É mais resistente do que a cifra de fluxo síncrono.
Exemplo	Registo de deslocamento linear com retorno (LFSR). Modo de realimentação do bloco de saída (OFM).	Cifras de chave automática. Modo de retrocesso.

Tabela 2.1 A cifra de fluxo síncrona e assíncrona.

7. **Uma cifra de bloco:** Uma cifra de bloco é aquela em que um bloco de texto simples é tratado como um todo e utilizado para construir um bloco de texto cifrado de comprimento equivalente. Como seria de esperar, é utilizado um tamanho de bloco de 64 bits. Para obter o mesmo efeito que uma cifra de fluxo, normalmente pode ser utilizada uma cifra de bloco [32]. Uma cifra de bloco divide a mensagem (M) num número sucessivo de blocos m_1 , m_2 , m_3 ,..., m_i , e cifra cada mi com a mesma chave k, de tal modo que:

$$E_k (M) = C = E_k (m)_i$$

Quando a comparamos com a cifra de fluxo, verificamos que a cifra de bloco é mais vulnerável a ataques de criptanálise, uma vez que blocos idênticos de texto simples são acompanhados de blocos idênticos de texto cifrado. A cifra de bloco é também mais suscetível à repetição quando comparada com a cifra de fluxo. O International Data Encryption Algorithm (IDEA), o Data Encryption Standard (DES) e o Advanced Encryption Standard (AES) são exemplos bem conhecidos de sistemas de cifra de bloco. A Tabela 2.2 resume os três tipos de cifra de bloco.

	DES	IDEIA	AES
Publicações	1977.	1992.	2000.
Texto simples de entrada Operar sobre	Texto simples de 64 bits.	64-bitplaintext.	128-bitplaintext.
Comprimento da chave	64 bits.	128 bits.	128, 192 ou 256 bits.
Tipo de ataque	Ataque de texto simples escolhido.	Ataque de força bruta.	Ataque quadrado.
N.º de voltas	Funciona com 16 cartuchos.	Funciona com 8 rondas.	Depende do comprimento da chave; 10 rondas se o comprimento da chave for 128. 12 rondas se o comprimento da chave for 192. 14 rondas se o comprimento da chave for 256.
A conceção do algoritmo	É "misturar operações de grupos algébricos diferentes". XOR. Adição módulo 2^{16} . Multiplicação módulo $2^{16}+1$.	É a combinação de duas técnicas básicas de encriptação: confusão e difusão. O elemento fundamental do DES é a combinação das seguintes técnicas	Para cifrar um bloco, começa-se por efetuar um passo de Add Round Key (XOR-ing de uma subchave com o bloco) por si só. Em cada ronda, o passo Adicionar Chave de Ronda[16].

Tabela 2.2 Os tipos de cifra de bloco.

Sistema criptográfico de chave pública: A ideia da criptografia de chave pública surge de um esforço para atacar os problemas mais complicados relacionados com a encriptação clássica. Estes problemas são a distribuição de chaves, a autenticação e a confidencialidade. Os algoritmos de chave pública dependem mais de funções matemáticas do que de substituição e permutação. Um outro facto importante é que a criptografia de chave pública é um algoritmo de encriptação assimétrica que inclui a utilização de dois pares de chaves diferentes - a primeira é a chave de encriptação, chamada chave pública, e a outra é a chave de desencriptação, chamada chave privada, e que pode ser inviável produzir uma chave a partir da outra, ao contrário da encriptação clássica, que utiliza apenas uma chave para a encriptação e a desencriptação.

A Figura 2.3 ilustra o procedimento de encriptação e desencriptação com chave pública. Os passos essenciais são os seguintes [11]: Cada sistema de utilizador final na rede gera um par de chaves que são utilizadas para encriptar e desencriptar as mensagens que vai receber. num registo ou ficheiro público, cada sistema final publica a sua chave de encriptação colocando-a, e é conhecida por todos como a chave pública. A outra chave do par de chaves é mantida privada [32]. Se um utilizador final A desejar enviar uma mensagem a outro utilizador final B, então o utilizador A encripta simplesmente a mensagem pretendida utilizando a chave pública do utilizador B. Quando o utilizador B recebe a mensagem, B decifra-a simplesmente utilizando a chave privada de B. Nenhum outro destinatário pode decifrar esta mensagem porque só o utilizador B conhece a chave privada de B.

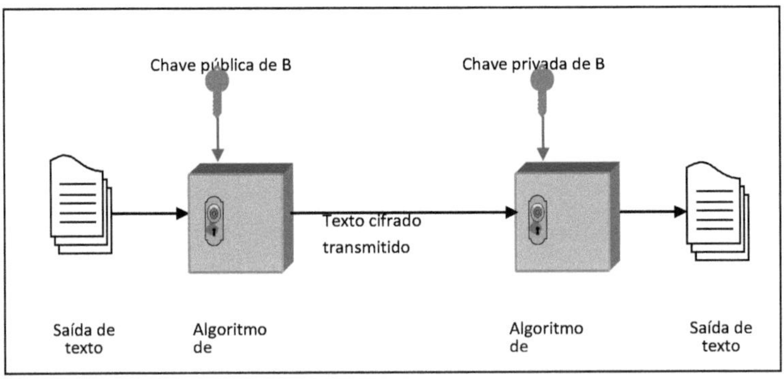

Figura -2.3 Encriptação de chave pública.

Um criptosistema de chave pública bem conhecido é o Rivest-Shamir-Adleman (RSA). Neste caso, a sua segurança depende da dificuldade de faturar os dois números primos muito grandes a partir do produto resultante dos mesmos. Tanto a chave pública como a chave privada são funções de um par de números primos grandes (100 a 200 dígitos ou números primos ainda maiores) [24]. Para produzir as duas chaves, escolha dois números primos grandes aleatórios, p e q. Para máxima segurança, tente escolher p e q com o mesmo comprimento. De seguida, calcule o produto:

$$n = pq$$

Em seguida, escolher aleatoriamente a chave de cifragem e, de tal forma que: e eΦ (n) sejam relativamente primos, de tal forma que:

$$C = M^e \bmod n$$

Em queΦ (n) é a função de Euler totient,

$$\Phi (n) = (p - 1) * (q - 1)$$

Para concluir, utilize o algoritmo Euclidiano alargado para calcular a chave de desencriptação, d, de modo a que:

$$ed \bmod \Phi (n) = 1$$

Noutra forma, exprime-se da seguinte maneira

$$d = e^{-1} \bmod \Phi (n)$$

Normalmente, d é escolhido para ser um número primo satisfatório:

$$\text{Máximo } (p, q) < d < n$$

$$\gcd[\Phi (n), d] - 1$$

Note-se que a chave privada d e o produto do primo n são também números relativamente primos. Os números (e, n) são a chave pública e (d, n) é a chave privada. Os dois primos, p e q, já não são utilizados, sendo apenas necessários para calcular n. Devem ser descartados, mas não revelados [24].

2.2.4 Criptanálise e ataques à criptografia:

Todo o conceito de criptografia consiste em manter a chave (ou o texto simples) em segredo de estranhos ou bisbilhoteiros. Presume-se que os espiões têm acesso total às comunicações entre o emissor e o recetor. A criptanálise é o ramo da criptologia que trata da quebra de cifras para recuperar informação, ou da falsificação de informação cifrada que será recebida como genuína [25]. É uma disciplina que permite melhorar o texto simples de uma mensagem sem ter acesso à chave. Uma criptanálise bem sucedida pode melhorar o texto simples ou a chave, encontrando simultaneamente pontos fracos num criptossistema que acabam por conduzir ao resultado anterior. Qualquer tentativa bem sucedida através da criptanálise é designada por ataque; uma hipótese essencial na criptanálise é que o segredo tem de existir na chave. Existem numerosas técnicas de criptanálise. Algumas técnicas de criptanálise importantes para um implementador de sistemas são descritas de seguida [24]. Ataque só de texto cifrado: Trata-se de uma situação em que o atacante não tem conhecimento do conteúdo da mensagem e tem de trabalhar apenas com o texto cifrado. Na prática, é razoavelmente possível formular suposições sobre o texto simples, quando muitos tipos de mensagens têm cabeçalhos de formato fixo, apesar de algumas cartas e documentos comuns iniciarem de uma forma muito esperada. Por exemplo, numerosos ataques clássicos utilizam a análise de frequência do texto cifrado, mas esta análise de frequência não funciona bem contra as cifras modernas [28]. Os criptossistemas modernos são bons contra ataques apenas ao texto cifrado, apesar de, por vezes, serem considerados com o pressuposto adicional de que a mensagem contém algum enviesamento estatístico. Alguns dos ataques mais populares são os seguintes:

1. **Ataque de conhecimento de texto simples:** Neste tipo de ataque, o atacante conhece ou pode adivinhar o texto simples de uma pequena parte do texto cifrado. Em seguida, a tarefa é decifrar os blocos de texto cifrado completos utilizando esta informação. Isto pode ser feito determinando a chave utilizada para encriptar os dados, ou através de algum atalho. Uma das abordagens superiores e modernas de ataques de texto claro é a criptanálise linear contra cifras de bloco.

2. **Ataque de texto simples escolhido:** Neste tipo de ataque, o atacante é capaz de incluir qualquer texto que lhe agrade, encriptando-o com uma chave desconhecida. Determinar a chave utilizada para a encriptação é a principal tarefa deste tipo de ataque.

3. **Ataque de escolha adaptativa de texto simples:** é um tipo especial de ataque de escolha de texto simples. O criptanalista não só escolhe o texto simples que é cifrado, como também pode alterar a sua escolha com base nos resultados de cifragens anteriores. Num ataque de texto escolhido, um criptanalista pode apenas ser capaz de selecionar um grande bloco de texto simples para ser encriptado; num ataque de texto escolhido adaptável, pode escolher um bloco de texto simples mais pequeno e depois escolher outro bloco de texto simples com base nos resultados do primeiro, e assim por diante.

4. **Ataque de força bruta:** neste tipo de ataque, o atacante está a tentar todas as chaves possíveis, uma a uma, para encontrar a chave de cifra e verificar se o texto simples resultante é significativo.

5. **Ataque "man-in-the-middle":** Nos protocolos de comunicação criptográfica e de troca de chaves, este tipo de ataque é aplicável e possível. Esta ideia é utilizada quando duas partes, A e B, estão a trocar chaves para uma comunicação protegida e segura. Um intruso posiciona-se entre A e B na linha de comunicação. A pessoa não autorizada, ou seja, o intruso, pode facilmente intercetar os sinais que A e B enviam um ao outro, e efectua uma troca de chaves com A e B individualmente. A e B acabarão por utilizar uma chave especial, cada uma das quais é conhecida pelo intruso.

2. 3IMAGEM

Uma imagem é uma matriz de píxeis quadrados (elementos de imagem) dispostos em colunas e linhas. As imagens podem ser bidimensionais, como uma fotografia ou um ecrã, ou tridimensionais, como uma estátua ou um holograma.

Podem ser captados por dispositivos ópticos, como câmaras, espelhos, lentes, telescópios, microscópios, etc., e por objectos e fenómenos naturais, como o olho humano ou as superfícies da água.

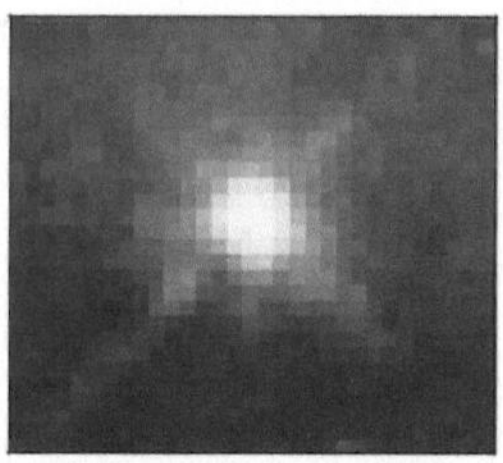

Figura 2.4: Imagem - uma matriz de uma matriz

Numa imagem em escala de cinzentos (8 bits de profundidade), cada elemento da imagem tem uma intensidade e concentração atribuídas que variam entre 0 e 255. Uma imagem em escala de cinzentos é aquilo a que normalmente se chama uma imagem a preto e branco, mas o nome sublinha que essa imagem também é composta por muitos tons de cinzento.

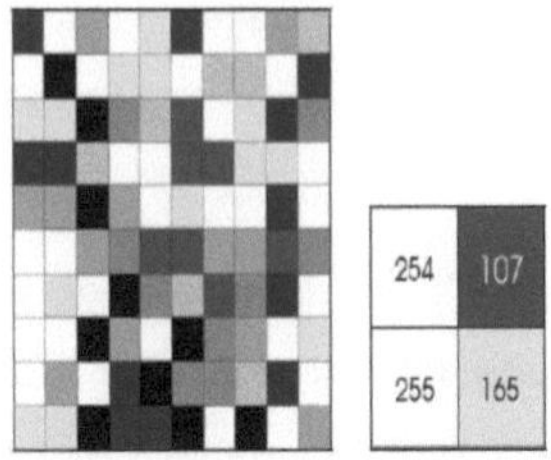

Figura 2.5: Imagem em tons de cinzento.

A Figura 2.5 mostra que uma imagem normal em escala de cinzentos tem uma profundidade de cor de 8 bits = 256 escalas de cinzentos. Uma imagem a "cores verdadeiras" contém 24 bits de profundidade de cor = 8 x 8 x 8 bits = 256 x 256 x 256 cores = ~16 milhões de cores.

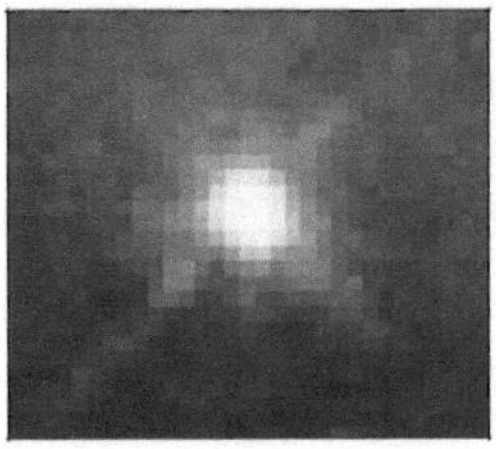

Figura 2.6: Uma imagem de cor verdadeira.

As diferentes imagens em tons de cinzento têm muitas gamas de tons de cinzento, por exemplo, 16 bits = 65536 tons de cinzento. Em princípio, três imagens em tons de cinzento podem ser combinadas para formar uma imagem com 281 474 976 710 656 tons de cinzento.

As imagens representadas por matrizes N x N de valores de densidade podem ser consideradas como pontos num espaço N x N-dimensional. Os pontos que estão próximos uns dos outros nesse espaço representam imagens que são "semelhantes" desde a média.

2.3.1 Tipos de imagens:

Existem dois grupos gerais de 'imagens': gráficos vectoriais (ou arte de linhas) e bitmaps (imagens baseadas em pixels). Alguns dos formatos de ficheiro mais comuns são os seguintes:

1. GIF - um formato de mapa de bits de 8 bits (256 cores), comprimido de forma não destrutiva. É utilizado principalmente na Web. O GIF é composto por vários subpadrões, um dos quais é o GIF animado.

2. JPEG - um formato de mapa de bits muito eficiente (ou seja, muita informação por byte), comprimido de forma destrutiva, com 24 bits (16 milhões de cores). Utiliza cores verdadeiras com uma profundidade de 24 bits. É um formato muito utilizado, especialmente para aplicações Web e Internet (largura de banda limitada).

3. TIFF - o formato padrão de bitmap de publicação de 24 bits. Comprime de forma não destrutiva com, por exemplo, a compressão Lempel-Ziv-Welch (LZW).

4. PS - Postscript, é um formato vetorial normalizado. que tem numerosas sub-normas e pode ser complicado de transportar entre plataformas e sistemas operativos.

5. PSD - um formato específico do Photoshop que guarda todas as informações e dados de uma imagem, incluindo todas as camadas.

2.3.2 Encriptação de imagens:

Atualmente, a segurança da informação está a ter um impacto mais significativo no armazenamento e na transmissão de dados. As imagens são amplamente utilizadas em numerosos processos. Consequentemente, a proteção dos dados de imagem contra o acesso ilegal é vital. A cifragem de imagens desempenha um papel importante no domínio da ocultação de informações. Os métodos e algoritmos de ocultação ou cifragem de imagens variam desde os métodos simples do domínio espacial até aos mais complicados e fiáveis do domínio da frequência. Em especial, a maioria dos algoritmos de cifragem disponíveis são utilizados principalmente para dados textuais e podem ser adequados para dados multimédia como as imagens[17].

As utilizações da encriptação de imagens: A encriptação proporciona um grau de segurança muito mais elevado do que qualquer outra coisa. Uma área imensa em que a segurança é uma preocupação é a Internet. Com a Internet a conter um mínimo estimado de 28 mil milhões de imagens e 2 mil milhões de sítios Web, é fácil colocar mensagens encriptadas num vasto número de imagens como medida de segurança. Estas mensagens cifradas podem ser utilizadas numa variedade de meios e métodos diferentes.

Uma das explorações da encriptação de imagens consiste em proteger uma imagem de ser descarregada por uma pessoa anónima ou não autorizada. A encriptação da imagem bloqueia a imagem no sítio Web designado para impedir o descarregamento não autorizado. Por exemplo, se um determinado sítio Web tiver uma determinada imagem que seja única ou distintiva desse sítio e o criador não quiser que outras pessoas descarreguem essa imagem, o criador encriptará a imagem para evitar clicar com o botão direito do rato, descarregar e guardar a imagem [18]. Qualquer utilizador aleatório pode facilmente descarregar uma imagem não encriptada, ao contrário de uma imagem encriptada, clicando com o botão direito do rato. A encriptação de imagens também impede o roubo de largura de banda e a ligação não autorizada.

As organizações e agências governamentais também exploram o mecanismo de encriptação de imagens. Utilizam esta atitude para a gestão segura de dados e actividades de informação. Para os civis, a metodologia de cifragem de imagens também pode ser utilizada para comunicações empresariais seguras e transacções bancárias seguras através da Internet.

A área médica é outra indústria importante que utiliza a tática de encriptação de imagens. Estas imagens encriptadas guardam e acumulam as informações do doente para as armazenar. Em vez de ter os pormenores de um paciente numa pasta espessa de papelada, todas as informações importantes são incorporadas na imagem de raios X do paciente, em vários relatórios de testes, etc. A incorporação de informações adicionais numa imagem através de encriptação é uma forma eficaz de garantir a integridade da imagem durante a tale-mamografia.

Existem dois tipos principais de encriptação, em que a informação se apresenta sob a forma de dados que são, em primeiro lugar, encriptados numa imagem e escondidos do público. A encriptação de dados requer palavras-passe e códigos secretos não divulgados para visualizar a imagem ou a comunicação oculta. A segunda forma de cifragem é uma cifragem de chave aberta que impede principalmente a falsificação, a adulteração e a negação da própria imagem, em vez de a cifrar com dados, cifra a própria imagem.

2.4 ALGORITMO AES:

O algoritmo AES baseia-se numa técnica criptográfica "Rijndael", que é uma técnica de cifra de bloco desenvolvida por Joan Daemen e Vincent Rijmen[12].

2.4.1 Introdução:

Este algoritmo suporta qualquer combinação de dados e de tamanho de chave de 128, 192 e 256 bits, pelo que é muito flexível. Por outro lado, o AES exige que o texto simples tenha 128 bits de comprimento, que podem ser divididos em quatro blocos de operações básicas.

Estes blocos funcionam sobre uma matriz constituída por bytes organizados numa matriz 4×4 que é designada por estado. Para obter uma encriptação completa, os dados são submetidos a um número n de rondas (n = 10, 12, 14). A estrutura geral do AES pode ser vista em 2.7. Neste caso, a entrada é um único bloco de 128 bits, tanto para a descodificação como para a cifragem, e é conhecida como a matriz in. Este bloco é copiado para uma matriz de estados que é modificada em cada fase do algoritmo e depois copiada para uma matriz de saída. Tanto o texto simples como a chave são representados como uma matriz quadrada de bytes de 128 bits[12]. Esta chave é então expandida numa matriz de palavras-chave de programação (a matriz w). Deve-se notar que a ordenação dos bytes dentro da matriz in é por coluna. O mesmo se aplica à matriz w.

2.4.2 Funcionamento interno de uma ronda

O algoritmo AES começa com uma fase de chave de adição que é seguida por 9 rondas de quatro fases cada, enquanto a décima ronda tem três fases. Este método é aplicável tanto para a cifragem como para a decifragem, com a exceção de que, em cada fase de qualquer ronda, o algoritmo de decifragem é o procedimento inverso do seu homólogo do algoritmo de cifragem. As quatro fases são as seguintes [12]:

1. Substituir bytes

2. Deslocar linhas

3. Misturar colunas

4. Adicionar chave redonda

Estas quatro rondas são executadas nove vezes, uma após a outra. A décima ronda apenas deixa de fora a fase de Mistura de Colunas. As primeiras nove rondas do algoritmo de desencriptação consistem no seguinte:

1. Linhas de deslocação inversa

2. Bytes de substituição inversa

3. Chave redonda de adição inversa

4. Colunas de mistura inversa

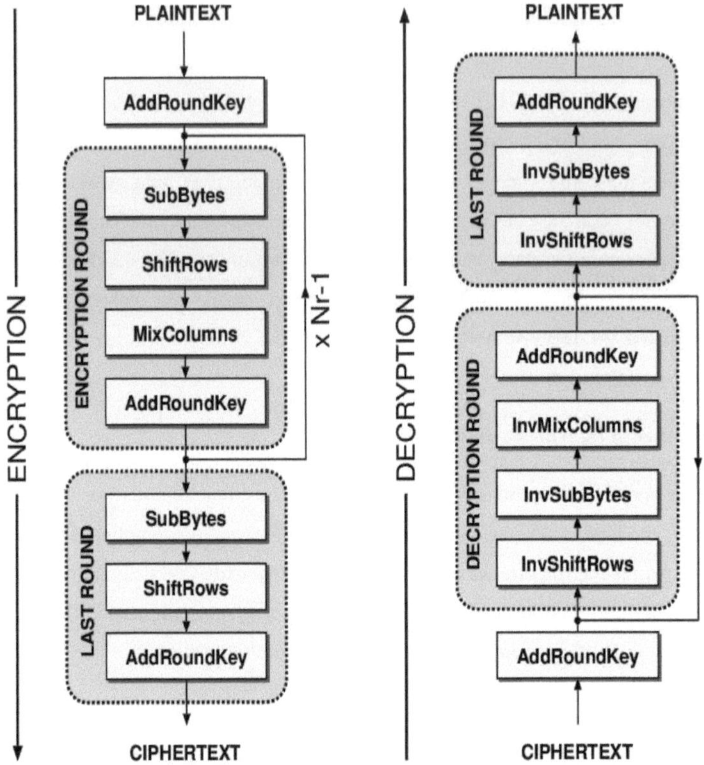

Figura-2.7: Diagrama do algoritmo de criptografia AES

Mais uma vez, a décima ronda apenas deixa de fora a fase das Colunas de Mistura Inversa. Cada uma destas fases terá o seguinte procedimento:

1. Bytes de substituição

Esta fase (conhecida como SubBytes) é apenas uma pesquisa numa tabela que utiliza uma matriz 16×16 de valores de bytes conhecida como **s-box**. A matriz contém todas as combinações possíveis de uma cadeia de 8 bits (28 = 16 × 16 = 256). Por outro lado, a s-box não é simplesmente uma permutação aleatória de tais valores e existe um método separado bem definido para a criação de tabelas de s-box. O projetista do Rijndael mostra como isto pode ser feito, em contraste com as s-boxes do DES, para as quais não foi dado qualquer princípio subjacente. Não nos preocuparemos demasiado com a criação de s-boxes e podemos considerá-las como tabelas de pesquisa [13]. A matriz que é operada na liderança durante a encriptação é chamada de estado. Vamos preocupar-nos com a forma como essa matriz é afetada em cada ronda. Para esta ronda em particular, cada byte é mapeado para um novo byte da seguinte forma:

O nibble mais à esquerda do byte é utilizado para especificar uma linha exacta da s-box e o nibble mais à direita especifica a coluna. Por exemplo, o byte {95} (os parênteses rectos representam valores hexadecimais no FIPS PUB 197) selecciona a linha 9, coluna 5, que tem o valor {2A}. Este valor é então utilizado para preencher a matriz de estados. A Figura 2.8 ilustra esta ideia.

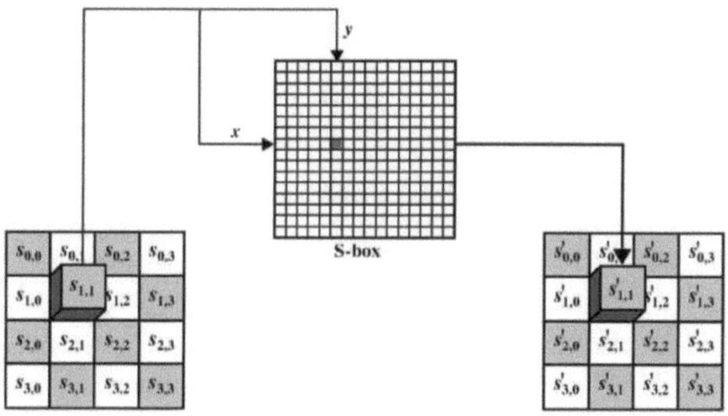

Figura 2.8: Fase de substituição de bytes do algoritmo AES

A transformação inversa do byte substituto utiliza uma caixa s inversa. Neste caso, o que é preferível é selecionar o valor {2A} e obter o valor resultante {95}. A Tabela 2.10 representa as duas s-box e pode assegurar-se que é de facto esse o caso. O objetivo da s-box é contrastar com ataques criptoanalíticos bem conhecidos. Em particular, os criadores do Rijndael procuraram um desenho com a intenção de ter uma baixa correlação entre os bits de entrada e os bits de saída, e a propriedade de que a saída não pode ser descrita como uma função matemática direta da entrada. Em termos de acumulação, a s-box não tem pontos pré-determinados (s-box(a) = a) nem pontos permanentes opostos (s-box(a) = -a), em que -a é o complemento bit a bit de a. Por outro lado, a s-box tem de ser invertível para que a descodificação seja exequível (Is-box[s-box(a)]= a), mas não deve ser a sua própria inversa, ou seja, s-box(a) 6= Is box(a).

		Y															
		0	1	2	3	4	5	6	7	8	9	A	B	C	D	E	F
	0	63	7C	77	7B	F2	6B	6F	C5	30	1	67	2B	FE	D7	AB	76
	1	CA	82	C9	7D	FA	59	47	F0	AD	D4	A2	AF	9C	A4	72	C0
	2	B7	FD	93	26	36	3F	F7	CC	34	A5	95	F1	71	D8	31	15
	3	4	C7	23	C3	18	96	5	9A	7	12	80	E2	EB	27	B2	75
	4	9	83	2C	1A	1B	6E	5A	A0	52	3B	D6	B3	29	E3	2F	84
	5	53	D1	0	ED	20	FC	B1	5B	6A	CB	SER	39	4A	4C	58	CF
	6	D0	EF	AA	FB	43	4D	33	85	45	F9	2	7F	50	3C	9F	A8
X	7	51	A3	40	8F	92	9D	38	F5	BC	B6	DA	21	10	FF	F3	D2
	8	CD	0C	13	CE	5F	97	44	17	C4	A7	7E	3D	64	5D	19	73
	9	60	81	4F	DC	22	2A	90	88	46	EE	B8	14	DE	5E	0B	BD
	A	E0	32	3A	0A	49	6	24	5C	C2	D3	AC	62	91	95	E4	79
	B	E7	C8	37	6D	8D	D5	4E	A9	6C	56	F4	EA	65	7A	AE	8
	C	BA	78	25	2E	1C	A6	B4	C6	E8	DD	74	1F	4B	BD	8B	8A
	D	70	3E	B5	66	48	3	F6	0E	61	35	57	B9	86	C1	1D	9E
	E	E1	F8	98	11	69	D9	8E	94	9B	1E	87	E9	CE	55	28	DF
	F	8C	A1	89	0D	BF	E6	42	68	41	99	2D	0F	B0	54	BB	16

Figura 2.9: Exemplos de s-box utilizados no algoritmo AES.

2. Transformação da linha de deslocação

A etapa Shift Rows é mostrada na figura 2.10. Trata-se de uma permutação simples e pouco exigente e nada mais. O método de transformação Shift Row funciona da seguinte forma:

- A primeira linha de **estado** *não* é alterada, copie como está no estado da matriz resultante.
- A segunda linha é deslocada um byte de forma circular para a esquerda.
- A terceira linha é deslocada dois bytes de forma circular para a esquerda.

- A quarta linha é deslocada 3 bytes de forma circular para a esquerda.

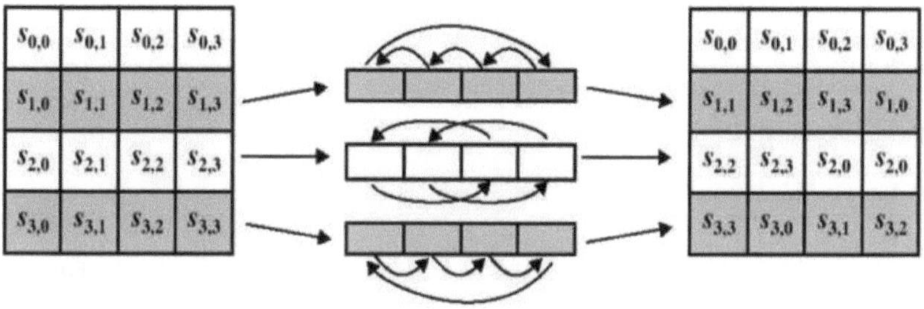

Figura 2.10: Transformação Shift Row do algoritmo AES.

A transformação Inverse Shift Rows é designada por Inv ShiftRows. Normalmente, executa estas deslocações circulares na direção inversa para cada uma das últimas três linhas, nomeadamente a segunda linha, a terceira linha e a quarta linha, sendo que a primeira linha não foi alterada para começar.

Esta ação pode não ser muito importante, mas se considerarmos a forma como os bytes estão ordenados no estado, pode ser visto como tendo um impacto muito maior. Considere sempre que o estado é equivalente a uma matriz de colunas de quatro bytes, por exemplo, a primeira coluna do estado representa essencialmente os bytes 1, 2, 3 e 4 e, em seguida, a deslocação de um byte é o resultado da distância linear de quatro bytes. A transformação shift row diz respeito ao facto de os quatro bytes de uma coluna serem distribuídos por quatro colunas diferentes no estado resultante.

3. Transformação da coluna de mistura

Esta fase MixColumn é basicamente uma substituição, mas garante a utilização da aritmética de GF(28). Cada operação de coluna é programada isoladamente. Este estado mapeia cada byte da coluna num novo valor que é o resultado da função de todos os quatro bytes da coluna. As transformações são determinadas pela seguinte multiplicação de matrizes, que é explicada na Figura. 2.11.

$$\begin{bmatrix} 02 & 03 & 01 & 01 \\ 01 & 02 & 03 & 01 \\ 01 & 01 & 02 & 03 \\ 03 & 01 & 01 & 02 \end{bmatrix} \begin{bmatrix} s_{0,0} & s_{0,1} & s_{0,2} & s_{0,3} \\ s_{1,0} & s_{1,1} & s_{1,2} & s_{1,3} \\ s_{2,0} & s_{2,1} & s_{2,2} & s_{2,3} \\ s_{3,0} & s_{3,1} & s_{3,2} & s_{3,3} \end{bmatrix} = \begin{bmatrix} s'_{0,0} & s'_{0,1} & s'_{0,2} & s'_{0,3} \\ s'_{1,0} & s'_{1,1} & s'_{1,2} & s'_{1,3} \\ s'_{2,0} & s'_{2,1} & s'_{2,2} & s'_{2,3} \\ s'_{3,0} & s'_{3,1} & s'_{3,2} & s'_{3,3} \end{bmatrix}$$ -------- Eq: 2.1

Na matriz produto, cada elemento é a soma dos produtos dos elementos de uma coluna e de uma linha. Nesta fase, as multiplicações e adições individuais são efectuadas em GF(28). A transformação MixColumns de uma coluna distinta j (0 _ j _ 3) do estado pode ser descrita como:

$$\begin{aligned} s'_{0,j} &= (2 \bullet s_{0,j}) \oplus (3 \bullet s_{1,j}) \oplus s_{2,j} \oplus s_{3,j} \\ s'_{1,j} &= s_{0,j} \oplus (2 \bullet s_{1,j}) \oplus (3 \bullet s_{2,j}) \oplus s_{3,j} \\ s'_{2,j} &= s_{0,j} \oplus s_{1,j} \oplus (2 \bullet s_{2,j}) \oplus (3 \bullet s_{3,j}) \\ s'_{3,j} &= (3 \bullet s_{0,j}) \oplus s_{1,j} \oplus s_{2,j} \oplus (2 \bullet s_{3,j}) \end{aligned}$$ ------------ Eq: 2.2

Aqui o símbolo - denota a operação de multiplicação sobre o campo finito GF(28).

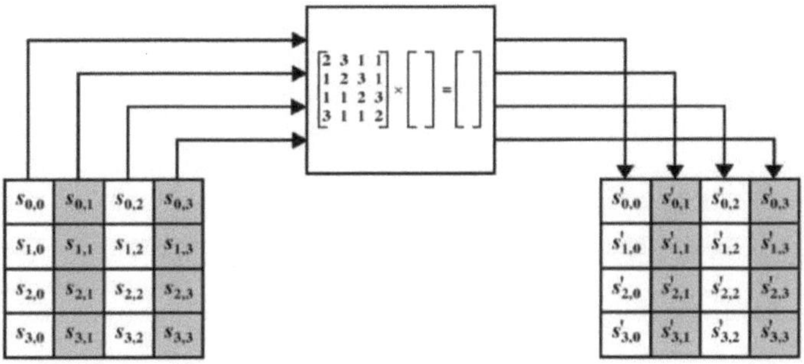

Figura 2.11: Fase MixColumns.

Por exemplo, suponha que a primeira coluna de uma matriz é s0,0 = {87}, s1,0 = {6E}, s2,0 = {46}, s3,0 = {A6}. Isto significaria que s0,0 = {87} é mapeado para o valor s0,0 = {47}, o que pode ser expresso trabalhando a primeira linha da equação 2.2 com o valor de j = 0. Portanto, temos

$$(02 - 87)\ \_\ (03 - 6E)\ \_\ 46\ \_\ A6 = 47$$

Agora, definimos um caso em que representamos cada número Hexadecimal por um polinómio:

$$\{02\} = x$$
$$\{87\} = x^7 + x^2 + x + 1$$

Multiplique estes dois valores mutuamente e obtém-se:

$$x - (x^7 + x^2 + x + 1) = x^8 + x^3 + x^2 + x$$

O grau resultante desta equação é superior a 7, pelo que temos de a reduzir a um polinómio irredutível m(x). Para efeitos de implementação do AES, os projectistas escolhem geralmente $m(x) = x^8 + x^4 + x^3 + x + 1$. Assim, pode ver-se que

$$(x^8 + x^3 + x^2 + x) \bmod (x^8 + x^4 + x^3 + x + 1) = x^4 + x^2 + 1$$

Este valor é igual a 0001 0101 em binário. Este método pode ser utilizado para calcular os outros termos. O resultado é então: 0100 0111 = {47}

Há uma maneira simples de fazer a multiplicação módulo m(x). Se estivermos a multiplicar por {02} , nesse caso tudo o que temos de fazer é um deslocamento à esquerda de 1 bit e depois um XOR condicional com (00011011). se o bit mais à esquerda do valor original (antes do deslocamento) era 1. A multiplicação por outros números pode ser vista como uma aplicação repetida deste método. Neste caso, a operação de multiplicação foi substituída por um registo de deslocamento e uma operação XOR, o que mostra que o AES é um algoritmo muito competente para ser implementado.

$$\begin{bmatrix} 0E & 0B & 0D & 09 \\ 09 & 0E & 0B & 0D \\ 0D & 09 & 0E & 0B \\ 0B & 0D & 09 & 0E \end{bmatrix} \begin{bmatrix} s_{0,0} & s_{0,1} & s_{0,2} & s_{0,3} \\ s_{1,0} & s_{1,1} & s_{1,2} & s_{1,3} \\ s_{2,0} & s_{2,1} & s_{2,2} & s_{2,3} \\ s_{3,0} & s_{3,1} & s_{3,2} & s_{3,3} \end{bmatrix} = \begin{bmatrix} s'_{0,0} & s'_{0,1} & s'_{0,2} & s'_{0,3} \\ s'_{1,0} & s'_{1,1} & s'_{1,2} & s'_{1,3} \\ s'_{2,0} & s'_{2,1} & s'_{2,2} & s'_{2,3} \\ s'_{3,0} & s'_{3,1} & s'_{3,2} & s'_{3,3} \end{bmatrix} \text{-------- Eq: 2.3}$$

A InvMixColumns pode ser descrita pela seguinte multiplicação de matrizes: A primeira matriz A da equação 2.1 pode ser descrita como sendo a inversa da primeira matriz da equação 2.3, designada por A^{-1} . Se designarmos o estado antes da operação de mistura de colunas por **S** e depois por **S'**, podemos dizer que:

$$\mathbf{AS = S'}$$

Por conseguinte:

$$\mathbf{A^{-1}\, S' = A^{-1}\, AS = S}$$

4. Adicionar transformação de chave redonda

Na fase de adição da chave de ronda, os 128 bits do estado são submetidos a XOR de bits com os 128 bits da chave de ronda[13]. Esta operação é definida como uma operação por coluna entre os 4 bytes de uma coluna de estado e uma palavra da chave de ronda. Esta transformação é simples, o que ajuda a melhorar a eficiência, embora também afecte cada bit do estado.

Expansão de chaves AES

O algoritmo de expansão de chaves toma como entrada uma chave de 4 palavras e produz uma matriz linear de 44 palavras[25]. Cada palavra consiste em aproximadamente 32 bytes, o que significa que cada subchave tem 128 bits de comprimento. A figura 2.12 ilustra o pseudocódigo para gerar a chave expandida a partir da chave atual. Tem uma função de expansão de chave e uma variável temporária que foi iterada

```
KeyExpansion(byte key[16], word w[44])
{
Word temp
For(i=0;i<4;i++) w[i]= (key[4*i],key[4*i+1], key[4*i+2], key[4*i+3]);
Para(i=4;i<44;i++)
{
Temp=w[i-1];
se(mod 4=0) temp=subpalavra(Rotword(temp) + Rcon[i/4];
w[i]=w[1-4]+temp;
}
 }
```

Figura 2.12: Pseudo-código de expansão de chaves.

As primeiras quatro palavras da chave expandida contêm a cópia da chave. Agora, quatro palavras de cada vez são preenchidas no restante da chave expandida. Cada palavra adicionada w[i] depende da palavra imediatamente anterior, w[i - 1], e da palavra que está quatro posições atrás w[i - 4]. Em cada três dos quatro casos é utilizado um XOR. Uma função mais complexa é usada para uma palavra cuja posição na matriz w é múltipla de 4.

A Figura 2.13 ilustra a criação das primeiras oito palavras da chave expandida com o símbolo g que representa essa função complexa. A função g é constituída por subfunções que são as seguintes[26]:

1. RotWord efectua um deslocamento de um byte de forma circular à esquerda numa palavra. Por exemplo, uma palavra de entrada [b0, b1, b2, b3] é transformada em [b1, b2, b3, b0].

2. SubWord efectua uma substituição importante de um byte em cada byte da palavra de entrada, utilizando a caixa s descrita anteriormente.

3. O resultado dos passos 1 e 2 anteriores é colocado em XOR com a constante da ronda, Rcon[j].

A palavra rodada é constante e os três bytes mais à direita são sempre 0. Assim, o impacto de um XOR de uma palavra com Rcon é simplesmente efetuar um XOR no byte mais à esquerda da palavra. A constante de ronda é especial e difere em cada ronda e é definida como Rcon[j] = (RC[J], 0,0,0), com RC[1]= 1, RC[j]= 2- RC[j -1] e com multiplicação descrita sobre o campo GF(28). A conceção da expansão de chaves tinha por objetivo ser resistente aos ataques criptanalíticos conhecidos. A inclusão de uma constante de ronda dependente da ronda elimina a simetria, ou semelhança, entre as tradições em que as chaves de ronda são produzidas em rondas diferentes.

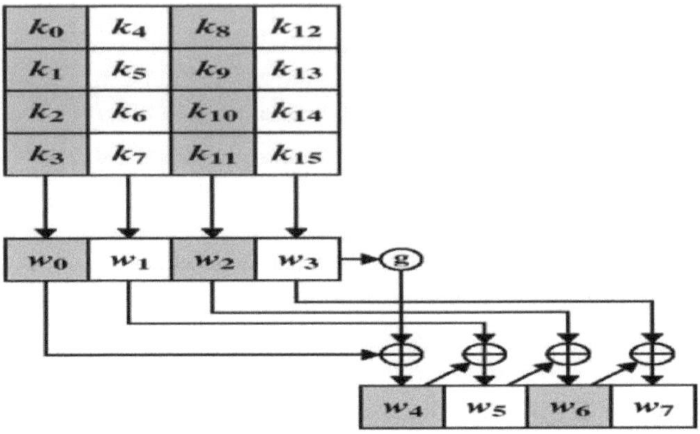

Figura 2.13: Expansão da chave AES

A figura 2.14 apresenta uma conclusão de cada uma das rondas de encriptação AES. A coluna Shift Rows é aqui ilustrada como uma deslocação linear, o que dá uma melhor ideia de como este fragmento ajuda no processo de encriptação. O texto simples é primeiro processado no estado das palavras. Estes estados são tratados como cifras de bloco. E as cifras de bloco são dadas na fase de sub-byte, a transformação de sub-byte gera o novo estado no qual a transformação de linha de deslocamento é aplicada, a transformação de linha de deslocamento desloca os bits como explicado, resultando na geração de um novo estado, o estado é então submetido à fase de coluna de mistura que embaralha ainda mais as posições dos bits, o que resulta na formação do estado. A chave da ronda, que é gerada pela fase de expansão da chave, é aplicada sobre o estado, o que resulta no estado final da ronda.

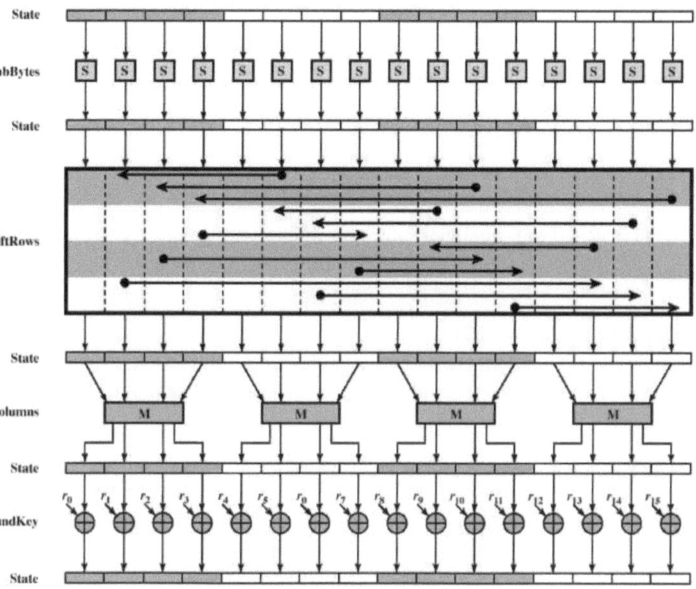

Figura 2.14: Ronda de encriptação AES.

O AES é um método de encriptação de chave simétrica em que a chave secreta só é conhecida pelo emissor e pelo recetor. Por qualquer meio conhecido, a chave não é determinada. No entanto, se um espião ou uma pessoa não autorizada conhecer muitos pares de texto simples, a chave não é determinística e a norma de segurança do texto cifrado do algoritmo AES mantém-se inalterada. O objetivo do algoritmo AES é facilitar a utilização de um tipo de chave de qualquer um dos três tamanhos (Nr). O AES-128, o AES-196 e o AES-256 utilizam chaves de 128 bits (ou seja, 16 bytes, 4 palavras), 196 bits (ou seja, 24 bytes, 6 palavras) e 256 bits (ou seja, 32 bytes, 8 palavras). O AES não tem pontos fracos conhecidos e, por conseguinte, é uma abordagem melhor do que o DES[27]. Todos os valores de chave utilizados em qualquer criptanálise são igualmente seguros, pelo que nenhum valor tornará uma encriptação mais vulnerável do que outra. As chaves utilizadas no algoritmo AES são expandidas através de uma rotina de expansão de chaves. Esta rotina de expansão de chaves é flexível e pode ser executada de uma só vez ou em tempo real, calculando palavras de acordo com as necessidades do utilizador[28].

O AES é extremamente rápido em comparação com outras cifras de bloco (embora existam algumas diferenças entre o tamanho e a velocidade). Em hardware dedicado, onde a transformação de rondas é paralela por conceção, o AES permite uma execução ainda mais rápida. A AES foi concebida para ser compatível com o pipelining[15]. A cifra não tem tendência para arquitecturas big ou little endian, o que se deve ao facto de não utilizar operações aritméticas. A AES não utiliza SBoxes utilizadas pelas outras cifras, bits gerados a partir de tabelas Rand ou qualquer outro problema do género, pelo que é totalmente autossuficiente.

2.5 MODELO DE COR RGB:

Um modelo de cor aditivo apresentado na Figura. 2.15 é um modelo em que a luz vermelha, verde e azul são adicionadas coletivamente numa variedade de condutas para produzir um vasto leque de cores, conhecido como modelo de cor RGB [27].

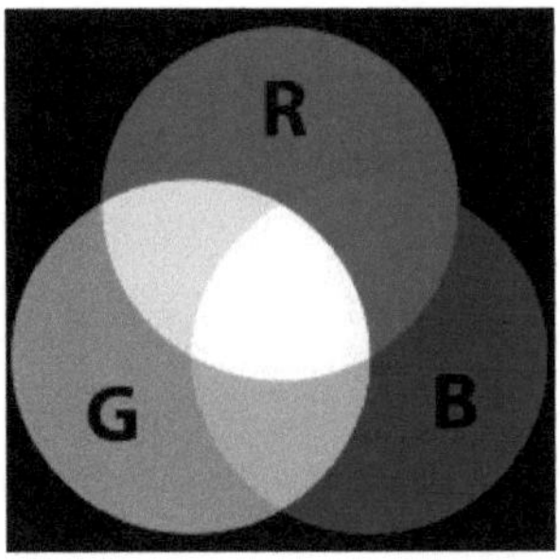

Figura 2.15: Mistura de cores aditivas

2.5.1 Introdução:

Este nome evoluiu a partir dos alfabetos iniciais das três cores primárias aditivas, vermelho, verde e azul. A razão mais importante para o desenvolvimento do modelo de cor RGB é a deteção, representação e visualização de imagens em dispositivos electrónicos, como computadores e televisores. Também tem sido amplamente utilizado na fotografia convencional. Antes da evolução da era eletrónica, o modelo de cor RGB já tinha uma teoria sólida que se baseava na perceção humana das cores[19].

O modelo de cor RGB é totalmente dependente do dispositivo, sendo que diferentes dispositivos podem detetar ou produzir um valor RGB especificado de forma diferente, tendo em conta o facto de os elementos de cor (como corantes ou fósforos) e as suas respostas aos níveis individuais de R, G e B poderem variar entre diferentes fabricantes, ou mesmo no mesmo dispositivo ao longo do tempo. Os valores RGB não definem as mesmas cores entre os dispositivos sem algum tipo de organização de cores. Para a formação de qualquer cor com RGB, é necessário que três feixes de luz de cores diferentes (um vermelho, um verde e um azul) sejam sobrepostos (por exemplo, por reflexão de um ecrã branco ou por emissão de um ecrã preto). Cada um dos três feixes é conhecido como o componente dessa cor, e cada um deles pode ter uma intensidade diferente, de totalmente ligado a totalmente desligado, na mistura.

O modelo de cor RGB é aditivo na lógica, uma vez que os três feixes de luz são adicionados coletivamente e o seu espetro de luz pode adicionar o comprimento de onda para formar o espetro da cor final.

A qualidade da cor branca depende da natureza das principais fontes de luz, mas se estas estiverem devidamente equilibradas, produz-se um branco neutro que corresponde ao ponto branco do sistema. A intensidade zero de cada componente de cor resulta na cor mais escura (nenhuma luz é recebida, pelo que é considerada preta). Obtém-se uma tonalidade de cinzento quando são recebidas intensidades iguais de todos os componentes, sendo que a escuridão ou a luminosidade dependem dos valores de intensidade[20]. Em alternativa, se as intensidades forem diferentes, o resultado é uma tonalidade colorida, ao mesmo tempo que a sua saturação depende da distinção entre as intensidades mais fortes e mais fracas das cores primárias utilizadas.

Se qualquer um dos componentes tiver a intensidade mais forte, a cor é uma tonalidade próxima desta cor primária (avermelhada, esverdeada ou azulada), e assim que dois componentes tiverem as mesmas intensidades mais fortes, então a cor é a tonalidade da cor secundária (um tom de ciano, magenta ou amarelo). Uma cor secundária é produzida pela adição de duas cores primárias de igual intensidade: verde+azul é ciano, vermelho+azul é magenta e vermelho+verde é amarelo. A cor secundária é o complemento da cor primária. Se somarmos a cor primária e a sua cor secundária complementar, temos a cor branca. O ciano é o complemento do vermelho, o magenta é o complemento do verde e o amarelo é o complemento do azul.

O modelo de cor RGB em si não define o que se entende por vermelho, verde e azul colorimetricamente, pelo que não se obtém um resultado absoluto ao misturá-los, mas são relativos às cores primárias.

2.5.2 Representações numéricas do modelo RGB:

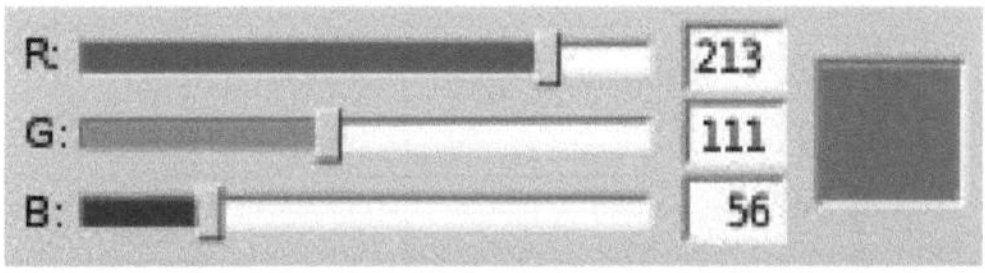

Figura 2.16: Seletor de cores RGB num software gráfico

Qualquer cor no modelo de cor RGB é definida pela indicação da quantidade de cada um dos elementos vermelho, verde e azul incorporados. A figura. 2.16 mostra a quantidade de cada componente num pixel de uma imagem. A cor é articulada como um tripleto RGB (r,g,b) onde cada componente pode variar entre zero e o limite superior definido. Se o valor de cada componente for zero, a cor resultante é o preto; por outro lado, se cada componente tiver o valor mais elevado, o resultado é o branco mais brilhante.

Os intervalos podem ser quantificados de várias formas diferentes:

1. Entre 0 e 1, com qualquer valor fracionário. Esta ilustração é utilizada na análise teórica e nos sistemas que utilizam representações de vírgula flutuante.
2. Cada um dos valores dos elementos de cor pode também ser apresentado como uma percentagem, de 0% a 100%.
3. Nos computadores, os valores dos componentes são armazenados como números inteiros entre 0 e 255, que é o intervalo máximo que pode ser oferecido por um único 8 bytes. Estes são habitualmente representados como números decimais ou hexadecimais.
4. Os equipamentos de imagem digital de topo de gama têm a capacidade de lidar com intervalos de números inteiros maiores para cada cor primária, como 0..1023 (10 bits), 0..65535 (16 bits) ou mesmo mais, alargando os 24 bits (três valores de 8 bits) para unidades de 32 bits, 48 bits ou 64 bits.
5. Por exemplo, o vermelho mais brilhante que está saturado é escrito nas várias notações RGB apresentadas na Tabela 2.3:

Notação	Tripleto RGB
Aritmética	(1.0, 0.0, 0.0)
Percentagem	(100%, 0%, 0%)
Digital de 8 bits por canal	(255, 0, 0
Digital 16-bit por canal	(65535, 0, 0)

Tabela 2.3: Notações RGB do vermelho mais brilhante

CAPÍTULO - 3
ESTUDO DA LITERATURA

3.1 REVISÃO DA LITERATURA

Esta secção contém trabalhos relacionados com o método de melhoramento e os respectivos parâmetros, bem como vários métodos de melhoramento do contraste. O trabalho de investigação existente também é discutido, tendo sido realizado por vários investigadores.

Esta investigação baseia-se no trabalho efectuado por Ahmad Abusukhon e Mohammad Talib [1]. No seu trabalho, há principalmente duas fases. A primeira fase trata da transformação, em que o texto simples a transmitir através da rede é transformado em imagem. Esta transformação foi concebida pelos respectivos autores. O segundo nível contém a encriptação por baralhamento da imagem, que se baseia num algoritmo de encriptação digital eficiente baseado na técnica de baralhamento da matriz [2], em que a imagem gerada pela transformação é armazenada sob a forma de matriz ao nível dos bits e esta matriz é baralhada pela técnica descrita em [2]. Estas duas operações são efectuadas no lado do cliente e, para recuperar o texto original, são efectuadas operações inversas no lado do recetor. No primeiro nível, ou seja, na encriptação de texto-imagem, cada letra do ficheiro de texto simples é transformada em três números inteiros aleatórios, ou seja, RGB R para vermelho, G para verde e B para azul. Aqui, cada número aleatório tem um intervalo de 0 a 255. Estes três números aleatórios representam um pixel na imagem. A cor do pixel é formada pela intensidade da cor, tal como descrita no valor RGB correspondente a esse pixel. No seu algoritmo, foi gerado um pixel individual (valores R, G e B, a que chamam valor RGB) para cada letra do texto simples. Durante este processo é gerada a chavel que contém os números aleatórios RGB para todas as letras. Para garantir que letras distintas têm cores únicas, ou seja, valores RGB únicos, criámos 26 intervalos diferentes devido aos 26 alfabetos. Estes intervalos são subconjuntos únicos do conjunto principal que vai de 0 a 255. Por exemplo, a letra A pode ser representada por valores RGB no intervalo de 0 a 9, a letra B pode ser representada no intervalo de 10 a 19 e assim por diante... Esta chavel é armazenada numa cadeia e utilizada para transformar o texto simples numa imagem. Ao nível dos bits, o resultado deste processo é armazenado numa matriz bidimensional ou Matriz de Pixéis MP. Nesta matriz, cada 3 colunas contíguas numa linha representam uma letra. Para tornar o processo mais seguro, foi utilizado o segundo nível de encriptação, no qual se determina o número de vezes que a matriz da imagem é baralhada [2], ou seja, N. Neste caso, N é igual ao número de colunas da MP. Ao baralhar a matriz MP, são sempre gerados dois números aleatórios, R1 e R2, em que R1 representa o número da linha/coluna e R2 representa outro número da linha/coluna. R1 é substituído por R2 e R2 é substituído por R1. A matriz baralhada gerada, SP, é finalmente enviada ao recetor. Quando o recetor recebe a SP, utiliza a chave 2 para recuperar a matriz original MP e, em seguida, cada pixel da matriz original MP é decomposto em valores R, G e B. Depois, utilizando a chave 1, estes 3 valores contíguos (R, G e B) são transformados numa letra específica. É muito difícil para os hackers adivinharem as letras porque a ordem dos valores RGB é alterada devido à operação de baralhamento da matriz. Por outras palavras, cada um dos três valores contíguos RGB que representam uma letra são agora distribuídos aleatoriamente na baralhação, o que torna difícil adivinhar essa letra, mesmo que os piratas informáticos utilizem uma análise estatística (um método que envolva uma análise estatística dos padrões de bytes, como o número de vezes que um determinado valor aparece no resultado encriptado, revelaria rapidamente se existem potenciais padrões). Da mesma forma, é difícil para a análise "a letra A segue a letra B" decifrar o texto cifrado. Os autores afirmam que o número de permutações possíveis para encriptar 26 letras é-(256))^{326} . Como cada pixel é composto por três valores e cada um desses valores está no intervalo de 0 a 255, a escolha de três valores tem $(256)^3$ permutações. Assim, as permutações para 26 letras são ((256)3)26, o que é igual a 1,1679847981112819759721399310593 exp+195. As chaves individuais: chave 1 e chave 2, são geradas cada vez que uma nova mensagem é enviada. Isto é feito para evitar a regularidade do texto cifrado resultante.

Praveen H.L, H.S. Jayaramu e M.Z. Kurian afirmam que o AES proporciona um sistema de encriptação sem erros e que os erros são muito mais reduzidos mesmo com a radiação dos satélites[9]. Os autores desenvolveram um modelo que pode facilmente encriptar as imagens obtidas a partir de satélites. Se os dados forem defeituosos ou ruidosos, o satélite não terá de esperar muito tempo para receber os dados seguintes. Para evitar a transmissão sem erros, este esquema de encriptação é proposto a bordo, onde a imagem é captada e depois convertida num ficheiro de texto, utilizando o MATLAB. Este ficheiro de texto convertido é utilizado como entrada e é encriptado com a ajuda do Advanced Encryption. O AES é um tipo de algoritmo de chave simétrica em que tanto o emissor como o recetor utilizam uma única chave para a encriptação e a desencriptação. O AES utiliza um comprimento de bloco de dados de 128 bits. Norma para a correção da tolerância a falhas. O valor da falha deve ser tão pequeno que não perturbe a imagem. Para verificar os valores de erro, é efectuada a tolerância a falhas. A fiabilidade e o desempenho são inversamente proporcionais ao erro, pelo que tentaremos minimizar o erro para aumentar a fiabilidade e o desempenho. O nível de erro deve ser baixo no início, caso contrário, a excelência das imagens esperadas no lado do recetor será afetada. O AES é concedido no lado do transmissor. O modelo aqui proposto para a tolerância a falhas baseia-se num código de Hamming de correção de erros simples. Uma falha de um único bit num byte é detectada e corrigida pelo código de Hamming e é uma escolha de boa qualidade para aplicações de satélite, uma vez que a maioria das falhas que ocorrem regularmente na eletrónica são inversões de bits induzidas por radiação de energia. No entanto, o modelo de correção AES pode ser facilmente alargado para corrigir falhas de múltiplos bits com a ajuda de alguns outros códigos de correção de erros, por exemplo, o código de Hamming modificado. Assim, utilizando o algoritmo AES, é facilmente possível obter uma imagem encriptada que minimiza o erro e impede a intrusão. Por fim, a imagem é enviada para o lado do recetor. Ao receber a imagem, o recetor decifra a imagem encriptada e recupera a imagem original. O próprio AES é responsável pela desencriptação da imagem no lado do recetor. Uma vez que o AES é um algoritmo simétrico, a chave utilizada para efeitos de encriptação e desencriptação deve ser a mesma. Se forem diferentes, a imagem perder-se-á. A desencriptação é o inverso do processo de encriptação que é realizado pelo recetor. A entrada para a desencriptação é o texto cifrado, que é o resultado da encriptação AES, que é depois desencriptado para receber o texto simples de saída. O MATLAB converte então o texto simples de saída numa imagem.

Ahmed Bashir Abugharsa, Abd Samad Bin Hasan Basari e Hamida Almangush efectuaram dois níveis de títulos. Começaram por rodar a imagem simples para gerar outra imagem. Utilizam o método do cubo mágico [8]. Neste método, a imagem original é dividida em seis sub-imagens, que são divididas num certo número de blocos e fixadas nas faces de um cubo mágico e, para confundir a relação entre a imagem simples e a imagem cifrada, a imagem rodada no cubo mágico é alimentada por um algoritmo AES que é aplicado a cada pixel da imagem para continuar a cifrar a imagem. O algoritmo de rotação que foi implementado é apresentado de seguida. Cria uma tabela de rotação que será utilizada para construir uma nova imagem rodada com base no pensamento do cubo mágico. O funcionamento da técnica de rotação é o seguinte:

1. Primeiro carregaram a imagem original e depois redimensionaram a imagem para um tamanho M * N

2. As sub-imagens têm o tamanho (M/3) * (N/2). Marcaram as seis faces como Cima (U), Frente (F), Direita (R), Esquerda (L), Baixo (D) e Trás (B).

3. Agora carregaram as seis sub-imagens e dividiram-nas num número de blocos com o mesmo número de pixéis. A imagem é agora decomposta em blocos, cada bloco contendo um número específico de pixéis.

4. Depois disso, combinaram a função de hash e a chave de segurança para construir a tabela de rotação para encriptação, que foi utilizada para rodar as linhas e colunas das faces do cubo mágico. A função de hash e a chave secreta desta abordagem são as principais tarefas realizadas na construção da tabela de rotação.

5. Aqui rodaram as faces do cubo em vez de rodarem os blocos na imagem. A imagem foi baralhada Rodando as linhas um certo número de vezes, dependendo da tabela de rotação, e depois o mesmo número de vezes que as colunas também são rodadas para uma disposição de blocos.

6. Os autores afirmaram que, para uma melhor cifragem, o tamanho do bloco deve ser pequeno, uma vez que, nesse caso, menos pixéis serão semelhantes aos pixéis adjacentes, caso contrário, se uma imagem tiver uma resolução elevada, o conteúdo dessa imagem pode ser previsto por qualquer utilizador ilegal, que pode, assim, adivinhar a imagem.

7. a correlação será reduzida com a utilização de um tamanho de bloco pequeno, pelo que é difícil prever o valor de um determinado pixel a partir dos valores dos seus vizinhos.

8. A informação presente numa imagem deve-se à correlação entre os elementos da imagem. Se diminuirmos a correlação entre os pixéis da imagem, reduziremos a informação percetível utilizando a rotação ou qualquer outra técnica. A relação entre os blocos da imagem foi reduzida de modo a proporcionar uma boa qualidade de encriptação da imagem.

Jawad Ahmed e Fawad Ahmed analisaram e compararam dois algoritmos de cifragem, o Advanced Encryption Standard (AES) e o Compression Friendly Encryption Scheme (CFES) [6]. Também exploraram as estimativas de segurança do AES e do CFES para imagens digitais contra ataques de força bruta, estatísticos e diferenciais. Os resultados que obtiveram ao testar estes algoritmos para imagens digitais revelam alguns pontos fracos do CFES. Os autores afirmam ainda que a imagem cifrada pelo CFES tem correlação na direção horizontal, enquanto a imagem cifrada pelo AES tem muito pouca correlação em todas as direcções. O algoritmo que tem menos valores de correlação indica que tem maior segurança.

Manoj. B e Manjula N Harihar afirmaram que o algoritmo AES não só pode ser utilizado para a cifragem de dados de texto, como também é adequado para a cifragem e a decifragem de imagens. Para proteger os dados de imagem confidenciais de um direito de utilização ilegítimo, o AES pode ser aplicado com êxito [5]. A investigação propôs um método em que os dados da imagem são introduzidos na cifragem AES para gerar a imagem cifrada, e esta imagem cifrada é introduzida na decifragem AES para recuperar a imagem original. Neste estudo, os autores implementaram com êxito o AES de 128 bits para efeitos de encriptação e desencriptação de imagens, que foi simulado numa FPGA sintetizada da família Spartan-6 (XC6SLX25) com a ajuda da ferramenta Xilinx ISE 12.4 numa linguagem de descrição de hardware de circuitos integrados de muito alta velocidade (VHDL) e foi verificado com a ajuda dos resultados da simulação. Os autores provaram que a imagem encriptada e desencriptada utilizando AES pode ser concebida e implementada para proteger os dados de imagem confidenciais de um acesso não autorizado. Os autores também descobriram que a implementação bem sucedida do algoritmo AES é um dos melhores padrões de encriptação e desencriptação disponíveis no mercado. O desempenho do núcleo (Mbits/seg) pode ser calculado da seguinte forma [7] Desempenho = fmax *(128 bits/bloco) / (n clocks) Para encriptação e desencriptação AES, n= 24 clocks: 882,464Mbits/seg. Para a encriptação e desencriptação de imagens, n= 84 clocks: 252,132Mbits/seg. A forma de onda da potência no chip sobre Vccint - (típica, 26C), potência típica vs. potência máxima no chip, potência no chip sobre temperatura - (típica, 1,2V) foi calculada e representada graficamente. A investigação ajuda a explorar o caminho para implementar um algoritmo deste tipo utilizando o código VHDL, que é sintetizado e simulado utilizando o ISE 12.4 na família Xilinx Spartan-6 (XC6SLX25). A frequência máxima atingida pelo projeto é de 165,462 MHz e a taxa de transferência atinge o valor de 252,132 Mbit/s para a encriptação e desencriptação de imagens.

Os autores Yan Wang e Ming Hu propuseram um novo modelo de avaliação do tempo baseado no mecanismo de geração de números aleatórios. Este modelo foi desenvolvido para analisar o consumo de tempo dos algoritmos criptográficos conhecidos, que são o triple-DES, o AES e o RSA [14]. Para efeitos de avaliação, existem dois modos de avaliação: diferentes textos simples na mesma chave, o que se designa por DPSK, e o mesmo texto simples em chaves diferentes, o que se designa por SPDK. Aqui, o texto simples e a chave correspondente são ambos gerados por números aleatórios e depois analisados quanto ao tempo gasto pelos diferentes algoritmos no processo. Os autores analisaram estes algoritmos de forma muito clara e crítica, tendo definido seis tipos de tamanho de pacotes avaliados para medir o tempo gasto por cada algoritmo que encripta diferentes tamanhos de textos simples.

Estes são 4KB, 8KB, 16KB, 32KB, 64KB e 128KB. O modelo comparou estes tamanhos de texto em ambos os modos de avaliação. Os autores também compararam estes tamanhos de texto com diferentes espaços de chave. Os tamanhos de chave analisados aqui são 128, 192 e 256 bits. Os autores compararam os resultados num espaço de pesquisa de 10000 amostras de texto simples e calcularam o tempo médio, mínimo e máximo de encriptação gasto pelos diferentes algoritmos. Analisando estes resultados, os autores concluíram que, com base no mesmo comprimento de chave, o triple-DES é cerca de três vezes mais lento do que o AES e o AES é cerca de várias centenas de vezes mais rápido do que o RSA. O AES é o algoritmo mais eficaz, quer se trate do modo de avaliação DPSK ou SPDK.

P. Radhadevi e P. Kalpana **apresentaram** a cifragem e a decifragem de uma imagem utilizando o algoritmo AES, tendo concluído que o AES pode ser utilizado de forma muito eficiente para a transmissão segura de imagens [7]. Os autores afirmaram que o AES é extremamente rápido em comparação com outras cifras de bloco e que tem os seguintes pontos fortes

1. A transformação da ronda é concebida em paralelo. Se o hardware for dedicado, o AES tem um desempenho ainda melhor.
2. O AES foi concebido para ser compatível com o pipelining.
3. As operações aritméticas não são utilizadas na cifra, pelo que não é tendenciosa para arquitecturas big endian ou little endian.
4. O AES não utiliza S-Boxes de outras cifras, bits de tabelas Rand, dígitos de ou quaisquer outras brincadeiras do género. É totalmente autossuficiente.
5. O AES tem uma cifra apertada e uma conceção simples

P.Karthigaikumar e Soumiya Rasheed também implementaram o algoritmo AES para simular a encriptação de imagens. Os autores implementaram com êxito o algoritmo AES em MATLAB na plataforma Xilinx e efectuaram também uma simulação de temporização que verifica a funcionalidade do circuito concebido [4]. Os autores ilustraram que uma imagem pode ser encriptada combinando o MATLAB com o codificador. Cada pixel de uma imagem é representado por 8 bits, ou seja, 1 byte. Utilizando o MATLAB, os valores dos pixéis são convertidos em bytes. Estes valores de bytes são depois utilizados como entrada para o codificador. O codificador de 128 bits converte então este byte no byte codificado correspondente. Os valores de bits codificados são depois convertidos em valores decimais para os pixels. Repete-se esta operação para cada pixel.

CAPÍTULO -4
METODOLOGIA PROPOSTA

4.1 DECLARAÇÃO DO PROBLEMA:

A razão para escolher este modelo é a segurança e a eficiência. O aspeto mais interessante desta técnica é a combinação de duas técnicas diferentes. Basicamente, esta técnica é um método de cifragem que combina duas ou mais técnicas de cifragem e inclui normalmente uma combinação de algoritmo de cifragem de substituição e de chave simétrica, como o AES, para tirar partido dos pontos fortes de cada tipo de técnica criptográfica. A cifragem simétrica tem a vantagem do desempenho e, por conseguinte, é a solução comum para cifrar e decifrar dados sensíveis ao desempenho, como um fluxo de dados em linha. Por outro lado, a substituição RGB proporciona uma melhor segurança, uma vez que altera o formato do texto simples e confunde o intruso quanto ao facto de os dados transmitidos pelo tempo serem uma forma de imagem ou outra informação segura. Outra razão para escolher esta arquitetura é que, nos estudos realizados, verificámos que não foi implementado qualquer método de troca de chaves. Todos os algoritmos necessitam de um modo de comunicação seguro para a troca de chaves. Assim, para cada conjunto de transferência de dados é necessário mais um ficheiro que contém a chave. Assim, para enviar uma única informação, são utilizadas no mínimo duas transferências de dados e dois canais de comunicação. Além disso, o nosso modelo proposto envia apenas 2 inteiros para a memória espacial como chave, o que é muito pequeno. Estes dois inteiros são anexados à imagem obtida após a substituição RGB. O nosso modelo proposto resolverá o problema da troca de chaves e apenas um único ficheiro será transferido na metodologia proposta, este único ficheiro conterá dados e chave, mas apenas o utilizador legítimo poderá desencriptar o ficheiro corretamente. Vou implementar este conceito utilizando uma aplicação JAVA no sistema operativo Windows 7 com uma base de dados MS-access. A razão pela qual escolhi JAVA e MS-access prende-se com o facto de estarem facilmente disponíveis e ocuparem muito menos espaço de memória.

4.2 SOLUÇÃO PROPOSTA

Nesta secção, é apresentada uma solução pormenorizada dos problemas relacionados com as tecnologias existentes.

4.2.1 Algoritmo proposto

- Gerar um número aleatório entre 1 e N utilizando uma função aleatória.
- Pesquisar a base de dados de combinações RGB correspondente ao valor gerado N.
- Aplicar a transformação correspondente à combinação gerada de valores RGB.
- Anexar o valor de N no último pixel dos valores RGB e gerar a Imagem1.
- Gerar um número aleatório entre 1 e K.
- Gerar um número aleatório entre 1 e K utilizando uma função aleatória.
- Chave de pesquisa na base de dados de chaves correspondente ao valor gerado K.
- Encriptar a Imagem1 utilizando o algoritmo AES com a ajuda da chave, o que resultará na geração da Imagem2.
- Anexar o valor de K no último pixel dos valores RGB e gerar a imagem3.
- Enviar Image3 na rede de ligação entre o Emissor e o Recetor.
- Recetor Recebe o ficheiro Image3 da rede.
- Leia o último pixel anexado na Imagem3. Este pixel dá o valor K.
- Remover K da Imagem3 e gerar uma nova imagem Imagem2.
- Chave de pesquisa na base de dados de chaves correspondente ao valor gerado K.
- Desencriptar a Imagem2 utilizando o algoritmo AES com a ajuda da chave, o que resultará na geração da Imagem1.
- Leia o último pixel anexado na Imagem1. Este pixel dará o valor de N.
- Procurar na base de dados de combinações RGB correspondentes ao valor gerado N
- Aplicar a transformação correspondente à combinação de valores RGB gerada, o que resultará na geração de texto simples.

4.2.2 Números aleatórios:

Gerar uma série de números aleatórios é uma das tarefas comuns que surgem de tempos a tempos. Os números aleatórios são necessários porque o utilizador pretende que a máquina execute uma tarefa aleatória com um conjunto de combinações. Um número aleatório é um número escolhido ao acaso a partir de uma distribuição específica, de modo que a seleção de um grande conjunto desses números produz a distribuição subjacente. Por conseguinte, também se exige que esses números sejam independentes, de modo a que não existam correlações entre os números sucessivos. Os números aleatórios gerados por computador são por vezes designados por números pseudo-aleatórios, enquanto o termo "aleatório" é reservado para o resultado de processos físicos imprevisíveis. Quando utilizada sem qualificação, a palavra "aleatório" significa geralmente "aleatório com uma distribuição uniforme". É claro que são possíveis outras distribuições. É impossível produzir uma sequência arbitrariamente longa de dígitos aleatórios e provar que é aleatória. Estranhamente, também é muito difícil para os humanos produzirem uma sequência de dígitos aleatórios, e podem ser escritos programas de computador que, em média, prevêem alguns dos dígitos que os humanos irão escrever com base nos anteriores.

4.2.2 Base de dados de combinações

A base de dados combinada refere-se aos próprios dados e às estruturas de dados de apoio. As bases de dados combinadas são criadas para operar grandes quantidades de informação, introduzindo, armazenando, recuperando e gerindo essa informação. Estas bases de dados são configuradas de modo a que um conjunto de programas de software forneça a todos os utilizadores acesso a todos os dados.

Uma base de dados combinada é um conjunto de bases de dados simples que permite o armazenamento de informações em qualquer software de base de dados. Fora do mundo da tecnologia da informação profissional, o termo base de dados é por vezes utilizado casualmente para se referir a qualquer coleção de dados (talvez uma folha de cálculo, talvez até um índice de cartões). Utilizámos uma base de dados combinada para fazer uma combinação aleatória de valores RGB e armazenar esses valores no software de base de dados Ms-Access. Tal como a base de dados normal, a base de dados combinada também tem as seguintes propriedades e aplicações:

1. Definição de dados - Definição de novas estruturas de dados para uma base de dados, remoção de estruturas de dados da base de dados, modificação da estrutura de dados existentes.
2. Atualização - Inserção, modificação e eliminação de dados.
3. Recuperação - Obtenção de informações para consultas e relatórios do utilizador final ou para processamento por aplicações.
4. Administração - Registar e monitorizar utilizadores, reforçar a segurança dos dados, monitorizar o desempenho, manter a integridade dos dados, lidar com o controlo da concorrência e recuperar informações em caso de falha do sistema.

Utilizámos uma base de dados de combinações para armazenar os valores de intensidade RGB para cada carácter do texto simples. O texto simples tem o número de caracteres que correspondem a cada carácter na base de dados de combinações. Assim, é gerado um pixel correspondente ao carácter. Posteriormente, no lado da desencriptação, esta base de dados de combinações é novamente utilizada para a re-substituição do pixel da imagem em carácter com o fenómeno inverso, como explicado acima.

4.2.3 Encriptação de imagens com AES

O AES é um algoritmo que foi claramente explicado no Capítulo 2. O algoritmo não só é muito forte como também muito flexível, uma vez que pode ser implementado tanto em texto como em imagem. Utilizámos o algoritmo AES para encriptar a nossa imagem, que foi gerada pela substituição do texto pelos valores RGB correspondentes. O AES exige que o texto simples tenha 128 bits de comprimento. Assim, em primeiro lugar, convertemos a nossa imagem em formato de bits. Os bits estão divididos em blocos de 128 bits que podem ser divididos em quatro blocos de operações básicas. Estes blocos funcionam sobre uma matriz constituída por bytes organizados numa matriz 4×4 que é designada por estado. Para conseguir uma encriptação completa, os dados são submetidos a 10 rondas. Utilizámos uma chave de 128 bits, pelo que tanto o texto simples como a chave são representados como uma matriz quadrada de bytes de 128 bits. Esta chave é depois expandida numa matriz de palavras-chave de programação. Deve notar-se que a ordenação dos bytes na matriz é feita por coluna. O AES utiliza o mesmo procedimento para encriptar texto ou imagem, uma vez que a encriptação se processa ao nível dos bits, que estão sempre em formato binário. O algoritmo AES para imagens começa com a fase de chave de adição de ronda, seguida de 9 rondas de quatro fases cada. O AES também tem 10 rondasth , o que deixa de fora a fase de mistura inversa de colunas. Este método é aplicável tanto à cifragem como à decifragem, com a única diferença de que o fenómeno de decifragem é o inverso da cifragem. As quatro fases em que cada ronda consiste são Substituir bytes, Deslocar linhas, Misturar colunas e Adicionar chave da ronda. O processo pormenorizado já foi abordado no capítulo 2.

4.2.4Adicionar chaves na imagem

Nos estudos anteriores, verificámos que todos os algoritmos necessitam de um canal privado suplementar ou de algum tipo de canal seguro para a troca de chaves, pois as chaves são os dados mais sensíveis de qualquer troca de dados criptográficos. Por isso, precisam de ser altamente seguras contra os intrusos. Para ultrapassar esta situação, propusemos uma nova técnica, uma vez que a nossa técnica utiliza duas chaves, uma para a substituição e outra para a cifragem dos dados, pelo que é necessário acrescentar estas duas chaves ao texto cifrado gerado. Como o texto simples já foi convertido numa imagem, anexámos as chaves à própria imagem. Temos um certo número de combinações na nossa base de dados e cada combinação substitui o texto por valores RGB diferentes, pelo que cada combinação gerará uma imagem diferente para o mesmo conjunto de caracteres. Atribuímos um número de combinação a cada conjunto de combinações, pelo que estamos a anexar este número de combinação específico à imagem. Como a nossa imagem já tem todos os caracteres transferidos para pixéis, anexámos mais um pixel que tem uma componente verde e azul de intensidade zero, a componente vermelha deste pixel armazenará o número N que foi gerado pela função aleatória no primeiro passo do nosso algoritmo. Agora, depois de atribuir este valor e de combinar este pixel com os pixels substituídos por RGB, formamos a imagem que é conhecida como Image1 no nosso algoritmo. Do mesmo modo, quando a imagem é encriptada com a ajuda do algoritmo AES, utilizamos outra chave Key2. Na nossa base de dados de combinações temos uma base de dados de chaves que tem um número de chaves. Uma determinada chave é selecionada utilizando um gerador de números aleatórios. Quando geramos um número K, é selecionada a chave correspondente a esse número. Depois de encriptar a imagem 1 com o algoritmo AES e a chave correspondente a K, gerámos a imagem 2. Agora, juntámos mais um pixel que tem a componente verde e azul com um valor de intensidade zero, a componente vermelha deste pixel irá armazenar o número K que foi gerado pela função aleatória no sexto passo do nosso algoritmo. Agora, depois de atribuir este valor e de combinar este pixel com os pixels substituídos por RGB, formamos a imagem que, no nosso algoritmo, é conhecida por Imagem3.

4.3 ARQUITECTURA PROPOSTA

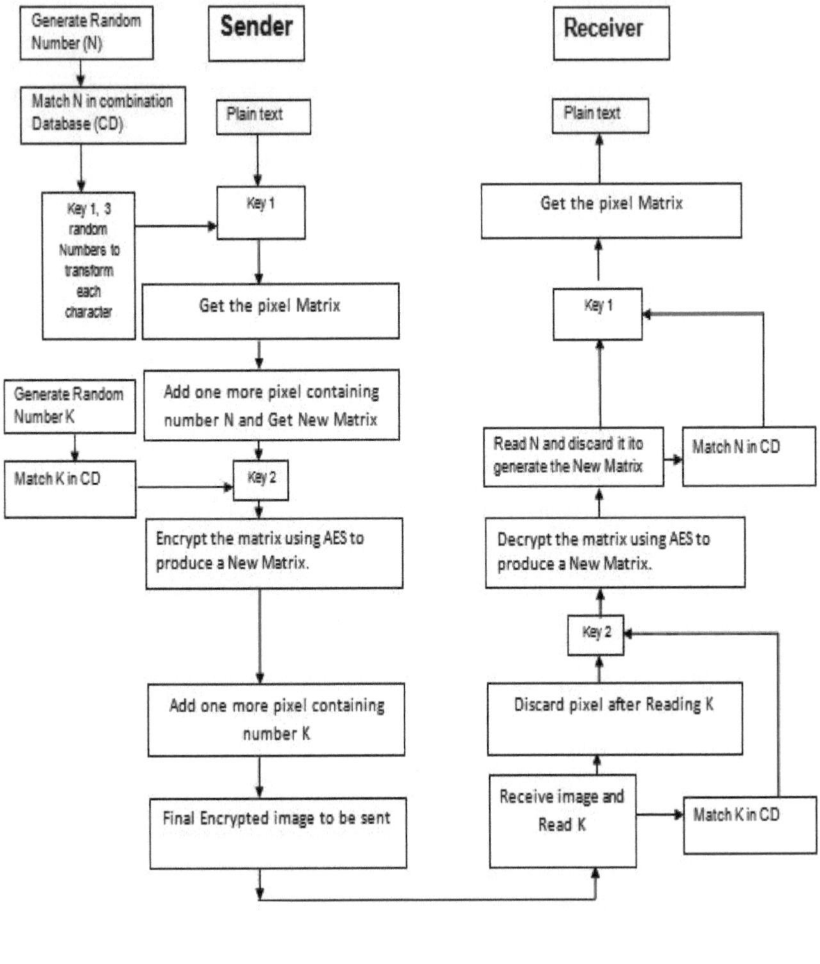

Figura.4.1 Arquitetura proposta

Esta tese foi desenvolvida para melhorar o algoritmo proposto por Ahmad Abusukhon e Mohammad Talib [1]. A principal desvantagem do seu algoritmo é o facto de não resolver o problema da troca de chaves. Outra desvantagem é o facto de estarem a transferir o valor total da chave. O seu tamanho é muito grande (chave1), uma vez que cada carácter do texto simples é substituído por três números aleatórios. Outro inconveniente é o facto de também incluírem # como delimitador. Por conseguinte, é necessário transferir pelo menos seis vezes mais dados do que os dados reais para desencriptar o pacote. Além disso, também não descreveram o método de troca de chaves real de key1 e key2, na key2 apenas trocaram a coluna da matriz gerada, o que não é um método muito seguro em comparação com a encriptação AES. Como sabemos, a cifragem é um método mais seguro do que as operações de troca, pelo que a técnica proposta executa uma fase de cifragem em vez de baralhar as posições dos bits através da técnica de baralhamento da matriz. O emissor e o recetor dispõem de uma base de dados de combinações que contém um certo número de combinações de mapeamento de texto para dígitos. Esta base contém várias combinações de transformação de caracteres em valores RGB equivalentes. O carácter é transformado num píxel RGB, em que a intensidade total do píxel depende das intensidades dos valores de cor vermelho, verde e azul nessa posição. Além disso, a cada combinação é atribuído um número único que varia de 1 a N. N representa o número total de combinações na base de dados. O processo inicia-se do lado do remetente. Nesta investigação, considerámos N como 10. O remetente gera um número aleatório entre 1 e 10. Este representa o número da combinação a aplicar para transformar o texto numa imagem. Utilizando a combinação correspondente (chave1), é aplicado o método de transformação proposto em [1], o que resulta na geração de uma imagem. Assim, vemos que o texto é totalmente convertido numa imagem. O número N é anexado à imagem através da adição de mais um pixel na imagem. Anexámos mais um pixel que tem uma componente verde e azul de intensidade zero, a componente vermelha deste pixel armazenará o número N e, finalmente, isto resultará na formação da imagem1. Agora o remetente gera um número aleatório entre 1 e K. Aqui considerámos K como 10. O remetente faz corresponder a chave correspondente (Key2) na base de dados Key. Esta chave2 é utilizada para a encriptação AES. Agora, a imagem gerada pela transformação de texto em imagem é encriptada por uma chave utilizando um algoritmo AES [13]. O número K é finalmente anexado à imagem, adicionando mais um pixel à imagem com o mesmo método aplicado para anexar N. Finalmente, este ficheiro único é transferido para o recetor. Quando o recetor recebe a imagem final, a primeira tarefa é ler o último pixel para obter o número da combinação. Quando este número é obtido, o número é comparado com a base de dados de chaves, que recupera a chave correspondente (chave2). Agora, o último pixel é eliminado da imagem e a imagem resultante é desencriptada utilizando a chave2 e o algoritmo AES. Agora, o recetor lê o último pixel para obter o número da combinação.

Quando este número é obtido, o número é comparado com a base de dados de combinações que recupera a chave correspondente. (chave1). Agora, o último pixel é eliminado da imagem. Finalmente, a chave1 é aplicada à imagem gerada, transformando-a no texto simples original.

CAPÍTULO -5

SIMULAÇÃO E ANÁLISE DE RESULTADOS

5. 1AMBIENTE DE SIMULAÇÃO:

Esta secção apresenta os resultados da avaliação da eficiência do algoritmo proposto, que se baseia em parâmetros seleccionados. O algoritmo proposto considera a complexidade temporal e a complexidade espacial como critérios para avaliar o desempenho do algoritmo proposto. O principal objetivo do algoritmo proposto é proteger uma mensagem de texto numa imagem e proteger novamente essa imagem através da cifragem da imagem com a técnica do algoritmo AES. Conseguimos isto combinando a substituição e a técnica de encriptação simétrica, o que aumenta o desempenho do sistema proposto de forma a garantir a segurança e o processamento rápido. Foi utilizada uma máquina portátil para calcular os resultados experimentais, com a seguinte configuração (ver Tabela 5.1)

S. Não.	Processador	Memória (primária)	Plataforma	Aplicação de software
1	Intel Pentium Dual Core 2,00 GHz	2 GB de RAM	Windows-7	JDK 1.7 com base de dados MS-Access

Tabela 5.1: Configuração da máquina de simulação

Nesta secção, o desempenho do quadro proposto é analisado em pormenor. Nesta secção, discute-se a análise de segurança do esquema de encriptação proposto, incluindo alguns aspectos importantes como a complexidade do tempo e do espaço. Adicionalmente, o trabalho proposto irá discutir a qualidade da imagem após a execução da técnica de encriptação no quadro proposto. Utilizámos java como software para realizar as nossas experiências e a base de dados combinada utilizada na nossa aplicação foi concebida no M.S Access

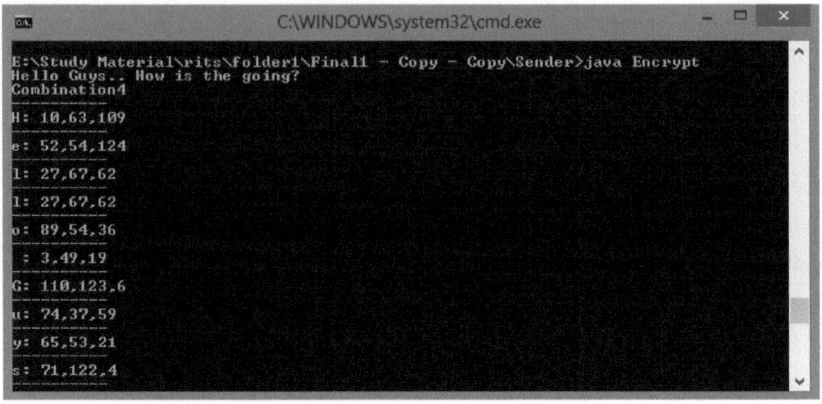

Figura-5.1: Formação de imagens a partir de texto

A Figura-5.1 mostra o passo de transformação. Aqui foi transformado um texto simples "Hello Guys". Primeiro, calcula-se N para aplicar um número de combinação, uma vez que, como já referimos, existem 10 combinações diferentes na nossa base de dados, cada uma com valores RGB diferentes para cada carácter ou número no teclado, neste caso é "4". Cada carácter tem um valor RGB diferente para a conversão do carácter em pixel. Por exemplo, o valor de "H" é 10 para R, 63 para G e 109 para B, tal como o de "e" é 52 para R, 54 para G e 124, etc. Com esta combinação, formou-se a seguinte imagem, que é constituída por uma matriz de pixéis de ordem 6X2 (((N/2)+1)X2). Esta imagem tem o aspeto da imagem Figura: 5.2.

Figura-5.2: Imagem transformada a partir de texto

O número de combinação N é anexado de forma inteligente como último pixel. Depois disto, foi empregue outro nível de segurança: a imagem formada é encriptada utilizando o algoritmo AES para este efeito, precisamos de uma chave de 128 bits, temos 10 números diferentes de chaves na nossa base de dados, o código do programa escolhe aleatoriamente uma chave qualquer e, com a ajuda desta chave key2, a imagem é encriptada. A melhor parte da nossa tese é que não temos de enviar a chave através de qualquer outro canal privado ou qualquer outro meio de rede. O próprio texto cifrado anexa a chave de uma forma tão inteligente que só o recetor pretendido a pode decifrar corretamente. O algoritmo, no passo seguinte, anexa este número de combinação de chaves no último pixel da imagem, para este efeito é anexado um pixel extra que contém o número de combinação de chaves. Depois de adicionar o número de combinação da chave2 , a imagem ou cifra obtida parece um ficheiro corrompido e não uma informação útil. Se o intruso na rede vir este ficheiro, pensará que se trata de um ficheiro corrompido que está a circular na rede. Tem o seguinte aspeto Figura-5.3:

Figura-5.3: Imagem final a ser transferida

5. 2RESULTADOS OBTIDOS:

Criámos os programas do emissor e do recetor em máquinas diferentes e utilizámos a seguinte mensagem de texto para as nossas experiências: "A encriptação é o processo de conversão de dados para uma forma designada por texto cifrado, que não pode ser facilmente compreendida por pessoas não autorizadas A desencriptação é o processo inverso de conversão de dados encriptados de volta à sua forma original, para que possam ser compreendidos. A utilização do método de cifragem e decifragem é uma arte de comunicação antiga, mas forte em tempo de guerra. A cifra é muitas vezes incorretamente designada por código que pode ser utilizado para impedir que o inimigo obtenha o conteúdo das transmissões"... Os dados têm o tamanho de 1137 bytes, e tomámos os primeiros 200,400,600,800 e 1000 bytes de dados para análise

Tamanho do texto (Bytes)	Tempo de encriptação (seg.)	Tempo de desencriptação (seg.)
200	1	1
400	2	2
600	4	3
800	5	4
1000	6	5

Tabela 5.2: Tempo de encriptação e desencriptação calculado

A tabela 5.2 mostra facilmente que o tempo de cifragem aumenta 1 segundo por cada 200 bytes de dados, pois para 200 bytes de dados o tempo de cifragem obtido é de 1 segundo, para 400 bytes de dados o tempo de cifragem obtido é de 2 segundos, para 300 bytes de dados o tempo de cifragem obtido é de 3 segundos e assim por diante. O tempo de desencriptação é inferior ao tempo de encriptação, o que se deve ao facto de estarmos a efetuar o máximo de operações de escrita na fase de encriptação, enquanto a fase de desencriptação contém o máximo de operações de leitura.

5.3 ANÁLISE GRÁFICA:

Para analisar os resultados graficamente, tomámos o tamanho do texto no eixo X de um plano bidimensional e o tempo no eixo Y Figura-5.4. Traçámos dois gráficos, um para a encriptação e outro para a desencriptação. Ao traçar o gráfico dos resultados obtidos a partir do quadro 5.2, observamos uma linha reta para os fenómenos de encriptação, que está a quase 45 graus da origem. Vemos também que o tempo de desencriptação não é igual ao tempo de encriptação e que o seu gráfico não está a aumentar com um declive constante em relação ao aumento dos dados. Mas o gráfico mostra claramente que, com o aumento da dimensão dos blocos de dados, o tempo de encriptação e de desencriptação aumenta de forma diretamente proporcional ao aumento da dimensão dos dados.

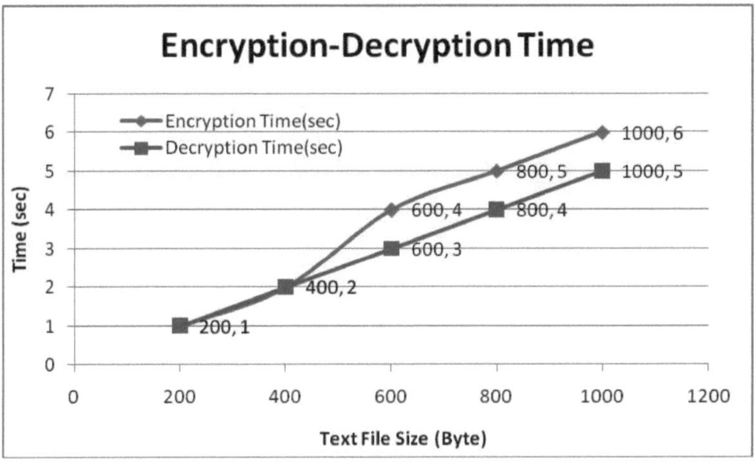

Figura-5.4: Análise gráfica dos resultados experimentais

A tecnologia existente também tem um inconveniente, uma vez que transfere a chave inteira sempre que se efectua a transmissão dos dados. Esta chave tem um tamanho bastante grande [1].

Utilizaram três caracteres para substituir cada carácter num pixel. A figura 5.5 compara a complexidade espacial da técnica existente e da técnica proposta. No método existente, os programadores transferiram toda a definição de dados para transferir cada alfabeto, pelo que necessitam de utilizar adicionalmente # como delimitador para separar o texto, pelo que são utilizados 3 # extra, o que resulta num total de 6 caracteres extra por alfabeto, pelo que necessitam de um total de 26*6=156 caracteres extra. Em JAVA, cada carácter ocupa 2 bytes de espaço de memória e, por conseguinte, 156 caracteres ocuparão 156*2=312bytes, o que equivale a 312*8=2496 bits. Do mesmo modo, se a tecnologia existente tiver também em conta os dígitos para a substituição RGB, obterá 36 caracteres e os bits suplementares necessários para a descodificação desses dados serão 36*6*2*8=3456 bits. Do mesmo modo, se a tecnologia existente tiver também em conta os algarismos e os caracteres especiais para a substituição RGB, obterá 69 caracteres e os bits suplementares necessários para a descodificação desses dados serão 69*6*2*8=6624 bits. Do mesmo modo, se a tecnologia existente tiver em conta os dígitos, os caracteres especiais e as maiúsculas e minúsculas dos caracteres para a substituição RGB, obterá 95 caracteres e os bits suplementares necessários para a desencriptação desses dados serão 36*6*2*8=9120 bits. Se falarmos da técnica proposta, esta necessita sempre de 2 números inteiros, um para a base de dados de combinação para RGB e outro para a base de dados de combinação de chaves, e gera automaticamente chaves no lado do recetor. Em JAVA, 2 números inteiros ocupam 4 bytes de espaço cada um, pelo que 2 números inteiros ocupam 8 bytes de espaço de memória, o que equivale a 64 bits de dados suplementares para desencriptar o texto cifrado no lado do recetor

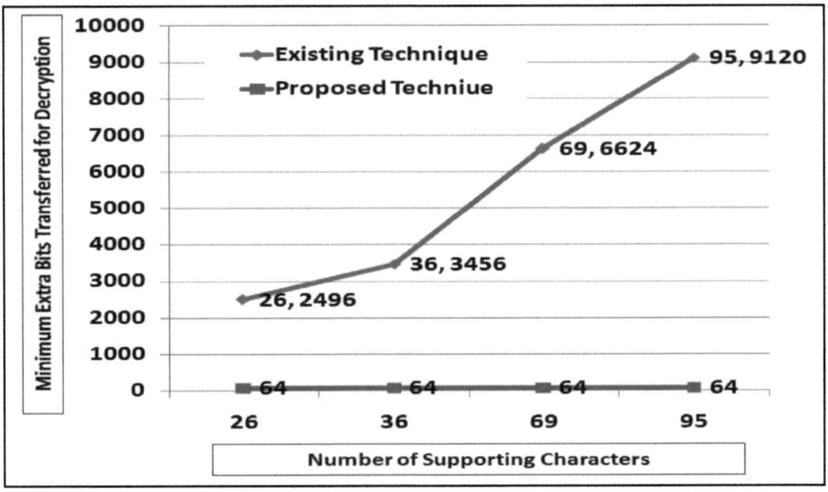

Figura-5.5: Comparação gráfica da complexidade espacial entre a tecnologia existente e a tecnologia proposta

5.4 COMPARAÇÃO COM A TECNOLOGIA ACTUAL:

O melhor resultado é que apenas um único ficheiro está a ser transferido, o qual contém a chave. O tempo de encriptação inclui o tempo gasto na anexação da chave e, da mesma forma, o tempo de desencriptação também inclui a obtenção da chave da cifra. A abordagem utilizada em [1] só sofre uma transformação de apenas 26 caracteres. Nós utilizámos um conjunto de 95 caracteres, incluindo os caracteres especiais do teclado. Com um cálculo simples, o número de permutações possíveis para encriptar 95 letras é $((256)^{3})^{95}$. Uma vez que cada pixel é formado pela combinação de três valores (RGB) e cada um destes valores varia entre 0 e 255, a escolha de três valores tem (256) 3 permutações. Temos 95 letras e, por conseguinte, as permutações para 95 letras são $((256)\ )^{395}$ que é igual a $2{,}230437785918792147855758532010 5e^{686}$. A nossa abordagem também utiliza a fase de encriptação AES, pelo que são necessários 2^{128} números diferentes de combinações para quebrar a cifra. Assim, podemos dizer que a nossa abordagem é altamente segura.

Característica	**Existente**	**Proposta**
Troca de chaves	Nenhum método implementado	Base de dados combinada implementada
Canal privado adicional necessário para a transmissão de chaves	Sim	Não
Transferências mínimas de dados	2	1
Personagens de apoio	26	95
Mínimo de bits extra transferidos para desencriptação	2496	64
Número mínimo de cálculos para um ataque de força bruta	$((256)^{3})^{926}$	$((256)^{3})^{95}$

. Tabela 5.3: Tabela de comparação entre a tecnologia existente e a tecnologia proposta

CAPÍTULO -6

CONCLUSÃO E TRABALHO FUTURO

6. 1CONCLUSÃO:

Este trabalho de investigação propôs uma técnica que desenvolveu uma transmissão de texto altamente segura. Se um intruso decifrar a imagem, obtém outra imagem que também está numa forma ilegível, o que o confunde ainda mais, quer a informação real esteja em texto ou em formato de imagem, a mistura da transformação de um texto numa imagem e a encriptação do resultado com a encriptação AES torna a informação real (texto simples) altamente segura para a transmitir num ambiente de rede extremamente vulnerável e altamente inseguro.

A chave necessária para decifrar o texto é enviada com o ficheiro de imagem e ocupa apenas 64 bits de espaço extra para qualquer quantidade de dados, pelo que este trabalho não necessita de qualquer canal privado ou seguro para a troca de chaves. O trabalho de investigação proposto envia apenas um único ficheiro para os dados e a chave, pelo que utiliza apenas um canal de comunicação.

6.2 TRABALHO FUTURO:

Implementámos este método convertendo o texto numa imagem PNG, uma vez que se trata de um formato de compressão sem perdas. No futuro, os investigadores podem continuar a trabalhar noutros formatos de imagem e analisar os resultados.

Além disso, o AES também pode ser implementado num bloco de chaves de 256 bits em vez de utilizar um bloco de chaves de 128 bits. Podem também ser implementados outros algoritmos de cifragem em vez do AES e investigar as alterações nos resultados.

REFERÊNCIAS

[1] Ahmad Abusukhon Mohammad Talib "A Novel Network Security Algorithm Based on Private Key Encryption" IEEE International Conference on Cyber Security, Cyber Warfare and Digital Forensic, 2012, pp. 33-37.

[2] M. Kiran Kumar, S. Mukthyar Azam, and S. Rasool, "Efficient digital encryption algorithm based on matrix scrambling technique", International Journal of Network Security and its Applications, 2010, pp. 30-41.

[3] Komal D Patel, Sonal Belani "Image Encryption using different Techniques" International Journal of Emerging Technology and Advanced Engineering Volume: 1, Issue: 1, 2011, pp. 30-34.

[4] P.Karthigaikumar Soumiya Rasheed "Simulação da encriptação de imagens utilizando o algoritmo AES" IJCA Edição especial sobre ciência computacional - novas dimensões e perspectivas", 2011.pp. 166-172.

[5] Manoj.B, Manula N Harihar "Image Encryption and Decryption using AES" International Journal of Engineering and Advanced Technology, Volume: 1, Issue: 5, June 2012.pp. 290-294.

[6] Jawad Ahmad and Fawad Ahmed "Efficiency Analysis and Security Evaluation of Image Encryption Schemes" International Journal of Video & Image Processing and Network Security Volume: 12, Number: 04, pp. 18-31.

[7] P. Radhadevi, P. Kalpana " Secure Image Encryption Using AES" International Journal of Research in Engineering and Technology Volume: 1 Issue: 2, pp. 115-117.

[8] Ahmed Bashir Abugharsa, Abd Samad Bin Hasan Basari e Hamida Almangush "A Novel Image Encryption using an Integration Technique of Blocks Rotation based on the Magic cube and the AES Algorithm" International Journal of Computer Science Issues Volume: 9, Issue: 4, 2012, pp. 51-57.

[9] Praveen.H.L , H.S Jayaramu, M.Z.Kurian "Satellite Image Encryption Using AES" International Journal of Computer Science and Electrical Engineering (IJCSEE), Volume:1, Issue: 2, 2012, pp. 56-60.

[10] Whitfield Diffie, "The First Ten Years of Public Key Cryptography", Proceedings of the IEEE Volume 76, 1988 pp. 560-577.

[11] W.E. Burr, "IEEE Security and Privacy Volume: 1, Issue: 2", 2003, pp. 43-52.

[12] Douglas Selent, "Advanced Encryption Standard", Rivier Academic Journal Volume: 6, Issue: 2, 2010, pp. 1-14.

[13] Joan Daemen e Vincent Rijmen, The Design of Rijndael Springer Publications.

[14] Yan Wang, Ming Hu "Timing evaluation of the known cryptographic algorithms", IEEE International Conference on Computational Intelligence and Security 2009, pp. 233-237

[15] M. Anand Kumar e Dr.S.Karthikeyan "Investigating the Efficiency of Blowfish and Rejindael (AES) Algorithms International Journal of Computer Network and Information Security, 2012, pp. 22-28.

[16] Amish Kumar e a Sra. Namita Tiwari, "Effective Implementation and Avalanche Effect of AES", International Journal of Security, Privacy and Trust Management Volume: 1, Issue: 3/4, August 2012 pp. 31-35.

[17] K.Sakthidasan, Sankaran e B.V.Santhosh Krishna, "A New Chaotic Algorithm for Image Encryption and Decryption of Digital Color Images", International Journal of Information and Education Technology, Volume: 1, Issue: 2, 2011, pp. 137-141.

[18] Soumik Das, Pradosh Bandyopadhyay Proj Alai Chaudhuri e Dr. Monalisa Banerjee, "A Secured Key-based Digital Text Passing System through Color Image Pixels" IEEE-International Conference on Advances in Engineering, Science and Management, 2012, pp. 320-35.

[19] Jose J Tharayil E.S. Karthik Kumar Neena Susan Alex Criptografia Visual, Usando Halftoning Híbrido e Inter-Pixel Exchanging. IEEE Students Conference on Electrical, Electronics and Computer Science, 2012.pp.41-45.

[20] Rengarajan Amirtharajan, Anushiadevi, Meena, Kalpana, e John Bosco Balaguru Rayappan, "Seeable Visual But Not Sure of It", Conferência Internacional do IEEE sobre Avanços em Engenharia, Ciência e Gestão 2012, pp. 388-393.

[21] Huang Feng, Wang Chao e Li Shijun "A new image encryption arithmetic based on a three-dimensional map" IEEE Conference on Cybernetics and Intelligent Systems 2008, pp. 473-477.

[22] YanMing, Dai Jian-hua, "The Design and Implementation of 128-bit AES Encryption in PRIME", 3rd IEEE International Conference on Computer Science and Information Technology 2010, Volume: 7, pp. 345 - 348.

[23] Majdi Al-qdah & Lin Yi Hui "Simple Encryption/Decryption Application", International Journal of Computer Science and Security, Volume: 1, Issue 1, pp. 33-40.

[24] Martin E. Hellman "An Overview of Public Key Cryptography" IEEE Communications Society Magazine 1978.

[25] Subramanyan, B. Chhabria, V.M. Babu, "Image Encryption Based on AES Key Expansion", Segunda Conferência Internacional sobre Aplicações Emergentes da Tecnologia da Informação, 2011 pp.217 - 220.

[26] Li Wang, Youren Wang, Rui Yao, Zhai Zhang, "Hardware Implementation of AES Based on Genetic Algorithm" Proc. Springer Second International Conference ICNC 2006, pp.904-907.

[27] Ohyoung Song e Jiho Kim, "Compact Design of the Advanced Encryption Standard Algorithm", Journal of Electrical Engineering & Technology Volume: 6, No: 3 2011, pp. 418-422.

[28] P.Patel e C. Parikh, "Performance Evaluation of AES Algorithm on Various Development Platforms" (Avaliação do desempenho do algoritmo AES em várias plataformas de desenvolvimento). Simpósio Internacional IEEE sobre Eletrónica de Consumo, 2007. pp. 1-6.

[29] Shailendra Fuloria, Ross Anderson, Fernando Alvarez e Kevin McGrath, "Symmetric Keys, Public Keys or Number Keys?", IEEE PES Power Systems Conference and Exposition 2011. pp. 1-6.

[30] Dr. D Mukhopadhyay, A Mukherjee, S Ghosh, S Biswas e P Chakraborty "An Approach for Message Hiding using Substitution Techniques and Audio Hiding in Steganography" Journal of Institution of Engineers ,Volume: 86 November 2005, pp. 41-44.

[31] Ralph C. Merkle "Protocols For Public Key Cryptosystems" IEEE Symposium on Security and Privacy 1980. pp. 122-134.

[32] D. Dolev e C. Anrew Yao, "On the Security of Public Key Protocols" IEEE Transactions on Information Theory, Volume: 29 Issue: 2 1983 pp. 198 - 208. 198 - 208.

[33] K. Marton, A. Suciu, D. Pertrician, "Parallel Unpredictable Random Number Generator", IEEE Sponsored Roedunet International Conference 2011, pp. 1- 5.

CITAÇÃO

[1] Sourabh Singh e Anurag Jain "Uma técnica melhorada de encriptação de texto para imagem usando substituição RGB e AES". Jornal Internacional de Tendências e Tecnologia de Engenharia, Volume: 4 Edição: 5, 2013.

[2] Sourabh Singh e Anurag Jain "Combinação de substituição RGB para técnica de encriptação de texto para imagem usando AES". Actas da Elsevier "Conferência Internacional sobre Tendências Recentes em Ciências da Engenharia" 2012

MIX
Papier aus verantwortungsvollen Quellen
Paper from responsible sources
FSC® C105338

Printed by Books on Demand GmbH, Norderstedt / Germany